KB048132

야나두
영어회화 베이직

야나두 영어회화 베이직

260단어 느낌만 알면 원어민처럼 할 수 있어!

원예나 지음

라곰

'규칙(문법)'을 알고 '재료(단어)'를 익혀
'입으로' 따라하면

'길게(패턴)' 말하기가 가능해집니다.

'적은 단어'로도 '느낌'만 알면
원어민처럼 말할 수 있습니다

'영어로 말을 한다'는 것은 영어 문장을 입으로 만들어내는 것입니다. 문장을 잘 만들기 위해서는 무엇이 필요할까요? 바로 단어와 문법입니다. 단어는 문장의 기본 재료이고, 문법은 단어를 나열하는 규칙입니다. 그러니 단어(재료)를 많이 알고, 문법(규칙)만 터득하면 대화하기가 편해집니다. 이 책은 바로 말의 재료인 단어, 그중에서도 일상에서 가장 활용도가 높은 단어에 관한 책입니다(문법에 대해서는 《야나두 영어회화》를 참고하세요).

영어 단어는 몇 개가 있을까요? 옥스퍼드 사전에는 무려 17만 개의 단어가 등재되어 있습니다. 하지만 실제 생활에서 쓰이는 단어는 그리 많지 않아요. 만약 여러분이 2000~3000개의 단어를 알고 있다면 일상 대화의 80퍼센트는 이해할 수 있게 됩니다. 생각보다 많은 단어가 아니기 때문에 충분히 목표할 만한 숫자입니다.

단어와 관련된 영어책은 많습니다. 그림으로 익히는 단어, 품사별 · 상황별로 외우는 단어, 접두사 · 어근으로 접근하는 단어 등등이요. 단어 접근법은 다양하지만 가장 중요한 것은 단어를 아는 데에서 그치지 말고 '활용할 수 있어야 한다'는 점입니다. 시험 영어는 단시간 대량 암기가 정답이지만, 말하기 영어는 입으로 활용할 수 있어야 진짜거든요.

아기가 태어나서 가장 먼저 접하게 되는 품사가 바로 명사, 동사, 형용사라고 합니다. 그만큼 일상생활과 밀접한 것들이죠. 그래서 우리도 명사, 동사, 형용사부터 입에 익혀보려 합니다.

《야나두 영어회화 베이직》은 10년 동안 꾸준히 사랑받는 야나두 영상 강의를 토대로 쓴 책입니다. 헷갈리는 단어를 비교할 때 가려운 곳을 긁어주는 느낌을 받는다는 후기에 더 많은 독자들과 나누고 싶어 쓰게 되었습니다. 예를 들어볼게요.

see	vs.	**look**	보다
wash	vs.	**clean**	씻다
quick	vs.	**fast**	빠른
help	vs.	**assist**	도와주다
delete	vs.	**erase**	지우다
fix	vs.	**repair**	고치다

모두 낯익은 단어들이지만 막상 영어로 말하려면 어떤 단어를 써야 할지 고민이 됩니다. 말한 후에도 확신이 없는 느낌이 들어요. 해결책은 단어를 습득할 때 맥락 속에서 단어의 느낌을 잡는 것입니다. 예를 들어 이렇게 입에 붙이는 거예요.

물로 씻을 땐 wash를 써야지!

wash my car (세차하다)

물건을 정리할 땐 clean을 써야지!

clean my room (방을 치우다)

wash, clean 등은 익숙한 단어처럼 보이지만 막상 사용하려고 하면 상황에 따라 어떤 걸 써야 할지 헷갈릴 때가 있어요. 하지만 그 느낌 차이를 명확하게 구분하면 의미가 명쾌해집니다. 쉬운 단어이지만 좀 더 확신 있게 활용할 수 있게 됩니다.

이 책에는 각 단어마다 3개의 예문이 제공됩니다. 맥락을 상상할 수 있도록 간단한 상황도 제시합니다. 시험 영어처럼 암기가 목적이 아니라 활용이 목적이기 때문에 예문을 통해서 최대한 단어를 느끼시기 바랍니다. 단순히 뜻과 해석을 아는 것이 아니라 '아~ 이런 상황에서 쓰는구나'처럼 단어의 느낌을 잡는 것이 목표입니다.

언어학자들은 이렇게 말합니다. "시차를 두고 7번 정도 단어를 봐야 암기가 된다." 다시 말해 이 책은 책상에 앉아 공부하는 책이 아니라 틈날 때마다 5~10분씩 시차를 두고 여러 번 봐야 하는 책입니다. 이왕이면 눈보다는 입으로 천천히 단어를 음미하면서 예문을 대본이라 생각하고 배우처럼 말해 보세요.

일상 회화는 단어를 많이 안다고 잘하는 것이 아니라 필수 단어를 잘 활용할 줄 아는 것이 더욱 중요합니다. 260개의 단어를 담았지만, 단어의 개수보다는 접근 방법에 더 신경을 써보세요.

더불어 야나두 강의에서 수강생들로부터 가장 큰 호응을 얻었던 숫자 영어도 담았습니다. 실제 외국에 나가면 가장 많이 부딪히는 것이 숫자인데, 의외로 숫자 읽는 법을 영어로 가르쳐주는 곳은 없더라고요. 날짜, 시간, 연도, 분수, 퍼센트 등 숫자를 영어로 말하는 법과 친해져보세요.

영어 학습법도 다양하고 자료도 넘치는 세상입니다. 제일 좋은 것은 나랑 맞는 방법으로 꾸준히 하는 것입니다. 여러분이 배우가 대본 연습하듯 이 책의 예문을 중얼거리는 모습을 상상하며 마무리하겠습니다. 여러분의 꾸준한 발전을 기원하겠습니다.

2023년 11월
원예나

단어 느낌 비교

비슷하지만 서로 다른 느낌의 단어를
맥락 속에서 비교하며 익혀보세요.

원 포인트 레슨

느낌을 파악할 때 기억하면 좋은 포인트
를 꼭 기억하세요

연습하기

앞서 배운 단어를 상황에 적용해 말해
보세요. 이때 어떤 맥락인지 주의 깊게
살피고 입으로 말해 완벽하게 내 것으로
만들어봅니다.

CONTENTS

SECTION 1. 동사 ·········

SECTION 2. 명사

SECTION 3. 형용사·부사

SECTION 4. 숫자

같은 듯 다른 느낌

동사

100

Chapter 01

너 그거 들었어?

Did you hear that?

그게 네 귀에 들렸니?

hear

★ 무의지 동사
★ 어떤 소리가 내 귀에 들려온 것

Did you listen to that?

그거 귀 기울여 들었니?

listen

★ 의지 동사
★ 듣고 싶어서 귀 기울여 들은 것

hear : 우연히 듣다

무슨 소리 났어? 나 못 들었는데.
I didn't hear that.

대답 좀 해봐. 내 목소리 들려?
Can you hear me?

목소리 낮추자. 그녀가 우리 목소리를 들을지도 몰라.
She might hear us.

 listen : 귀 기울여 듣다

중요한 거니까, 잘 들으세요.
Listen carefully.

조용히 해줄래? 나 음악 듣고 있어.
I'm listening to music.

너 집중 안 하니? 너 내 말 듣고 있니?
Are you listening to me?

Chapter 02

나 그거 봤어

I saw it.

나 어쩌다 그것을 봤어.

see

★ 무의지 동사
★ 우연히 내 눈에 보여진 것

see

I looked at it.

나 그것을 의식해서 봤어.

look

★ 의지 동사
★ 의식적으로 쳐다본 것

look

see : 우연히 보다

출근하다 보면 나는 많은 사람들을 봐.

I see many people.

지연이 안 왔니? 오늘 그녀를 못 봤어.

I didn't see her today.

영화관 갔었지? 나 어제 영화관에서 너 봤어.

I saw you yesterday in the theater.

 look : 의식해서 보다

정신 차려. 나를 쳐다봐.

Look at me.

사진을 찍기 위해 우리는 서로를 쳐다봤다.

We looked at each other.

내가 그녀를 쳐다볼 때마다 그녀는 나를 쳐다보고 있었다.

She was looking at me.

Chapter 03

그가 내게 말했어

say

He said to me, "You should go."

그가 내게 "너 가야 돼"라고 말했어.

say

★ 직접화법
★ 인용문을 사용해 누군가의 말을 직접 전달할 때

tell

He told me that I should go.

그가 내게 가야 한다고 말했어.

tell

★ 간접화법
★ 누군가의 말을 간접적으로 전달할 때

say : 누가 "~"라고 말했어

그는 "괜찮아?"라고 말했어.

He said, "Are you okay?"

우리 엄마가 "숙제 다 했니?"라고 말씀하셨어.

My mom said, "Did you finish your homework?"

우리 아빠는 항상 "집에 일찍 와라"라고 말씀하셔.

My dad always says, "Come home early."

tell : 누가 ~라고 말했어

그가 내게 예쁘다고 말했어.

He told me that I was pretty.

그녀가 내게 자기 집 청소 했다고 말했어.

She told me that she cleaned her house.

우리 선생님이 그에게 좋은 사람이라고 하시더라.

My teacher told him that he was a good person.

Chapter 04

너가 그에게 말했어?

Did you speak to him?

그에게 말했어?

`speak`

★ 한 방향으로 말하다
★ 한 사람이 다른 사람에게 메시지를 전달한 느낌

Did you talk to him?

그와 대화했어?

`talk`

★ 대화하다
★ 쌍방향으로 말한 느낌

speak : ~에게 말하다

나 떨려. 나 내일 대중 앞에서 연설해야 해.

I have to speak in public.

용건 있습니까? 지금 말씀하시면 됩니다.

You can speak to me now.

걱정하지 마. 내가 매니저에게 말할게.

I'll speak to my manager.

 talk : ~와 대화하다

버스 타고 가면서 난 너와 이야기하는 거 좋아.

I like talking to you.

멀리 살아서 우리는 전화 통화를 많이 해.

We talk on the phone a lot.

그는 이해심이 많아서 난 그에게 뭐든 말할 수 있어.

I can talk to him about anything.

Chapter 05

넌 얼마나 자주 세차해?

How often do you wash your car?

넌 얼마나 자주 물 세차 해?

wash

★ 세차하다 (외부 세차 느낌)
★ 물, 비누 등을 사용해 깨끗이 하는 느낌

wash

How often do you clean your car?

넌 얼마나 자주 차 청소 해?

clean

★ 청소하다 (실내 청소 느낌)
★ 먼지, 얼룩 등을 제거하는 느낌
★ 물건을 정리하다

clean

wash : 물로 씻다

머리가 가려워. 나 머리 감아야겠어.

I need to wash my hair.

기분이 안 좋아. 내 룸메이트가 또 설거지를 안 했거든.

My roommate didn't wash the dishes again.

인도에 갔더니 그들은 강에서 씻더라.

They wash themselves in the river.

 clean : 청소하다

정리 좀 하자. 테이블 치워줄 수 있니?

Can you clean the table?

너무 피곤해. 부엌은 나중에 치울게.

I'll clean the kitchen later.

차에 타기 전에 너 신발 진흙을 닦아줄 수 있니?

Can you clean the mud off your shoes?

Chapter 06

그녀는 셔츠를 입고 있어

She is putting on a shirt.

put on

그녀는 셔츠를 입고 있는 중이야.

put on

★ put(놓다) + on(몸 위에)
★ (옷, 액세서리, 신발 등) 착용하는 동작

She is wearing a shirt.

wear

그녀는 셔츠를 입은 상태야.

wear

★ (옷, 액세서리, 신발 등) 이미 착용한
  상태

put on : 입는 중이다

방에 들어가지 마. 그는 바지를 입고 있는 중이야.

He's putting on his pants.

영업 시간이 되어서 그녀는 유니폼을 입고 있어.

She's putting on a uniform.

출발할 때가 되어서 우리는 신발을 신고 있어.

We're putting on our shoes.

 wear : 입고 있는 상태다

나 어디 있는지 보여? 나 모자 쓰고 있어.

I'm wearing a hat.

이 사진 봐봐. 너 내 옷 입고 있네.

You're wearing my clothes.

그의 특징을 말해봐. 그는 안경을 쓰고 있니?

Is he wearing glasses?

Chapter 07

나 여기에 앉을게

sit

I will sit here.

나 여기에 앉을게.

sit

★ 앉다
★ 주어 자신이 자발적으로 앉는 것

---

seat

I will seat him here.

내가 그를 여기에 앉힐게.

seat

★ 앉히다
★ 'seat + 사람'. 앉히는 대상과 함께 사용

★ ★ ★

practice

 sit : 앉다

수업이 시작되어 그녀가 의자에 앉았어.

She sat on a chair.

피곤해서 그런지 사람들이 바닥에 앉았어.

People sat on the floor.

아침에 일어나자마자 그는 소파에 앉았어.

He sat on a sofa.

 seat : ~를 앉히다

학생들이 오면 선생님이 학생들을 여기에 앉힐 거야.

The teacher will seat students here.

피곤해 보여서 내가 사람들을 바닥에 앉혔어.

I seated people on the floor.

아침에 일어나자마자 그는 소파에 아기를 앉혔어.

He seated the baby on a sofa.

Chapter 08

나 파리 못 잡아

I can not catch a fly.

나 파리 못 잡아.

catch

★ 순간적으로 낚아채는 것
★ 속도감에 중점을 두는 느낌

I can not hold a TV.

나 TV 못 들어.

hold

★ 잡은 상태를 유지함
★ 잡거나 들거나 안고 있는 느낌

catch : 낚아채다

내가 더 빠르니까 난 너를 잡을 수 있어.

I can catch you.

시골에 가서 보니까 고양이가 정말 쥐를 잡아.

Cats really catch mice.

얘들아, 뛰어. 우리 버스 잡아야 해.

We have to catch the bus.

 hold : 잡거나 들거나 안고 있다

여기 너무 무서워. 내 손 잡아줄 수 있어?

Can you hold my hand?

좀 쉬어. 내가 아기를 안을게.

I'll hold the baby.

문 열어야 하니까 내 컵 좀 잠깐 들어줄래?

Can you hold my cup for a second?

Chapter 09

나 10시에 자

sleep

I sleep for 10 hours.

나 10시간 자.

sleep

★ 수면 상태

go to bed

I go to bed at 10.

나 10시에 자.

go to bed

★ 잠자리로 가는 행위

 **sleep** : 자다

난 잠이 많거든. 난 10시간 자.

I sleep for ten hours.

너무 피곤했는지 어제 그는 20시간 자더라.

He slept for twenty hours yesterday.

침대가 편해서 나 지난밤 잠을 너무 잘 잤어.

I slept very well last night.

go to bed : 자러 가다

잘 자기 위해서 난 운동 후에 자러 가.

I go to bed after exercising.

규칙적인 생활을 위해서 그녀는 항상 11시에 자.

She always goes to bed at eleven.

숙제가 많아서 나 어제 늦게 잤어.

I went to bed late last night.

Chapter 10

나 6시에 깼어

wake up

I woke up at 6.

나 6시에 정신이 깼어.

wake up

★ 정신이 깨는 것
★ 수면 상태에서 깨어나는 느낌

---

get up

I got up at 6.

나 6시에 침대에서 일어났어.

get up

★ 몸을 일으키는 동작
★ 누워 있거나 앉아 있다가 몸을 일으키는 느낌

wake up : 정신이 깨다

수업 시간에 졸았더니 선생님이 말했어. 정신 차려!
Wake up!

아침에 엄마가 말했어. 아들, 잠에서 깰 시간이야.
It's time to wake up, son.

무서운 꿈을 꿔서 나 한밤중에 잠에서 깼어.
I woke up in the middle of the night.

 get up : 일어나다

소파에 앉아 있다가 그가 천천히 일어났어.
He got up slowly.

내일은 한가해. 나 내일 11시에 일어날 거야.
I'll get up at eleven tomorrow.

너무 피곤했는지 나 오늘 아침에 일어날 수가 없었어.
I couldn't get up this morning.

Chapter 11

나 회사에 걸어가

I walk to work.

나 회사에 걸어가.

`walk`

★ 걷다를 표현하는 가장 일반적인 느낌
★ 걷다, 산책하다

I stroll in the park.

난 공원에서 한가로이 걸어.

`stroll`

★ 주변을 감상하며 한가로이 걷는 느낌
★ walk보다 더 천천히 걷는 것

walk : 걷다, 산책하다

> 넌 뭐 해? 난 지금 걷는 중이야.
> I'm walking now.

> 택시 탈 돈이 없어. 우리 걸어가야 해.
> We need to walk.

> 요즘 몸이 무거워서 난 살 빼려고 매일 걸어.
> I walk every day to lose weight.

 stroll : 한가로이 걷다

> 머리가 복잡할 때 난 해변을 걸어.
> I stroll on the beach.

> 그는 회사에 천천히 걸어와. 그래서 매일 지각해.
> He strolls to work.

> 고민이 많을 때 팀장님은 사무실에서 걷는 걸 좋아해.
> My manager likes to stroll in his office.

나 여행 가고 싶어

I want to travel to America.

나 미국으로 여행 가고 싶어.

travel

★ 일반적으로 여행을 말할 때
★ 주로 장거리 여행에 사용

I want to take a trip to 춘천.

나 춘천으로 여행 가고 싶어.

take a trip

★ 상대적으로 짧은 여행을 말할 때
★ 길고 짧음은 주관적임

40

travel : 긴 여행을 하다

다양한 문화를 좋아해서 그녀는 세계를 여행해.

She travels the world.

돈 많이 벌어야 해. 나 비행기 타고 여행하는 거 좋아하거든.

I like to travel by plane.

너 작년에 뭐 했니? 난 작년에 유럽으로 여행 갔었어.

I travelled to Europe last year.

 take a trip : 짧은 여행을 하다

너무 오래 앉아 있었다. 우리 정원에 가보자.

Let's take a trip into my garden.

집 근처에 해변이 있어서 우리는 어제 해변에 갔어.

We took a trip to the beach yesterday.

고객이 제주도에 있어서 우리는 출장 갔어.

We took a trip for business.

Chapter 13

우리는 집을 일찍 떠났어

leave

We left home early.

우리는 집을 일찍 떠났어.

leave

★ 원래 있던 장소에서 멀어지는 느낌

depart

We departed for the airport early.

우리는 공항으로 일찍 떠났어.

depart

★ 목적지를 향해 떠나는 느낌
★ 비행기, 기차, 배 등에 사용

leave : ~에서 떠나다

내일 아침 일정이 있어서 그는 파티에서 일찍 떠났어.

He left the party early.

출출해. 우리 떠나기 전에 먹고 싶지 않니?

Don't you want to eat before we leave?

거의 매일 야근해서 난 사무실에서 늦게 떠나.

I leave the office late.

 depart : ~로 떠나다

출장 때문에 나 내일 런던으로 떠나.

I depart for London tomorrow.

서둘러. 기차가 5분 있다 떠나.

The train departs in five minutes.

김 비서, 비행기 몇 시에 떠나지?

What time does my flight depart?

Chapter 14

나 수영 시작했어

I began swimming.

나 수영을 시작했어.

`begin`

★ 행동의 첫 시작을 의미

I started my computer.

나 컴퓨터를 켰어.

`start`

★ (기기, 과정 등) 기능과 운영의 첫 시작을 의미

begin : 행동을 시작하다

시간 됐습니다. 시험 시작하세요.

Begin your test.

지금 전화 못 받아. 그는 이미 리허설을 시작했어.

He already began the rehearsal.

긴장이 풀리니까 그들은 말을 하기 시작했어.

They began speaking.

 start : 기기를 켜다, 과정을 시작하다

준비되셨으면 시동 거세요.

Start your car.

전원을 연결하고 그는 프린터를 작동시켰어.

He started the printer.

똑똑한가 봐. 그녀는 16세에 대학(과정)을 시작했어.

She started university at sixteen.

Chapter 15

나 청소 끝냈어

I finished cleaning.

나 청소 끝냈어.

finish

★ 행위를 완료하다
★ 무언가를 완성하는 느낌

I ended it.

나 그거 끝냈어.

end

★ (전쟁, 미팅, 영화 등) 상황이 종료되는 느낌

 **finish** : 완료하다

게임하기 전에 저녁식사를 끝내.

Finish your dinner.

어제 소설책을 샀는데 난 소설책을 다 읽었어.

I finished the novel.

그녀는 이미 시험을 마쳤어. 그런데 왜 안 오지?

She already finished the test.

 end : 종료하다

기나긴 전투 끝에 드디어 전쟁이 끝났어.

The war finally ended.

성격 차이로 그는 그녀와의 관계를 끝냈어.

He ended the relationship with her.

갑자기 급한 일이 생겨서 그들은 미팅을 종료했어.

They ended the meeting.

Chapter 16

나 차를 빌렸어

I rented a car.

나 대가를 지불하고 **차를** 빌렸어.

rent

★ 금전적 대가를 지불하고 빌리는 것

I borrowed a car.

나 대가 없이 **차를** 빌렸어.

borrow

★ 금전적 대가 없이 빌리는 것

rent : 대가를 지불하고 빌리다

결혼식 때 나 턱시도 빌릴 거야.

I'll rent a tuxedo.

원래 집이 부산이라 그는 서울에 방을 얻었어.

He rented a room in Seoul.

도서관에서 그녀는 사물함을 3개월 동안 빌렸어.

She rented a locker for three months.

 borrow : 대가 없이 빌리다

입을 옷이 없을 때 난 언니의 옷을 빌려.

I borrow my sister's clothes.

나 지우개가 없는데 지우개 좀 빌려도 될까?

Can I borrow your eraser?

내일 여행을 가는데 나 엄마한테 차 빌릴 거야.

I'll borrow a car from my mom.

Chapter 17

나 치킨 먹었어

I ate chiken.

나 치킨 먹었어.

`eat`

★ 일반적으로 '먹다'라는 의미로 사용

eat

I had coffee.

나 커피 마셨어.

`have`

★ 먹다, 마시다, 모두 사용

have

eat : 먹다

난 닭껍질 안 먹어. 식감이 별로야.

I don't eat chicken skin.

얼굴이 좋아 보이네. 그들은 휴가 중에 잘 먹었어.

They ate well on vacation.

건강을 위해서 신선한 채소를 좀 더 먹으렴.

Eat more fresh vegetables.

 have : 먹다, 마시다

배고프다. 난 점심으로 피자 먹을 거야.

I'll have pizza for lunch.

어제 한강에 가서 난 맥주 마시고 친구는 물 마셨어.

I had beer and my friend had some water.

다이어트 중이라서 난 음식 대신에 셰이크 먹었어.

I had a shake instead of food.

Chapter 18

나 물 다 마셨어

I gulped all the water.

나 물을 꿀꺽꿀꺽 다 마셨어.

> gulp

★ 꿀꺽꿀꺽 마시다
★ 많은 양의 액체를 빨리 마시는 것

I sipped some tea.

나 차를 홀짝홀짝 조금 마셨어.

> sip

★ 홀짝이며 마시다
★ 적은 양의 액체를 천천히 마시는 것

gulp : 꿀꺽꿀꺽 마시다

힘들어서 난 헬스장에서 물을 벌컥벌컥 마셔.
I gulp water at the gym.

다들 술 잘 마시나 봐. 그들은 맥주를 벌컥벌컥 마시고 있어.
They're gulping beer.

사레들릴라. 주스 벌컥벌컥 마시지 마.
Don't gulp your juice.

 sip : 홀짝홀짝 마시다

커피가 뜨거워서 난 주로 커피를 홀짝여.
I usually sip my coffee.

술 잘 못하나 봐. 그들은 맥주를 홀짝이고 있어.
They're sipping beer.

분위기 깨지잖아. 맥주 홀짝거리지 마. 쭉쭉 마셔.
Don't sip your beer. Gulp it.

Chapter 19

나 너를 믿어

I believe you.

나 너가 한 말 믿어.

believe

★ 존재를 믿는 것
★ (말, 행동 등) 사실이라 인정하는 것

I trust you.

나 너를 신뢰해.

trust

★ 상대를 신뢰하는 것

believe

trust

believe : 믿다

사람들이 뭐라고 해도 난 Tom이 옳다고 믿어.
I believe Tom is right.

난 사주 보는 거 좋아해. 넌 운명을 믿니?
Do you believe in fate?

난 귀신이 없다고 생각해. 넌 귀신을 믿니?
Do you believe in ghosts?

 trust : 신뢰하다

엄마는 항상 내 편이야. 난 엄마를 믿어.
I trust my mom.

거짓말하는 거 못 봤어. 넌 그녀를 믿어야 해.
You have to trust her.

걱정 안 할게. 난 네가 비밀을 지켜줄 거라 믿어.
I trust you with my secret.

Chapter 20

나 열심히 배웠어

I studied hard.

나 **열심히** 공부했어.

study

★ 공부하다
★ 문제를 풀고, 읽고, 암기하는 과정을 강조

I learned a lot.

나 **많이** 배웠어.

learn

★ 깨닫다
★ 공부나 체험을 통해 내 것으로 만드는 결과를 강조

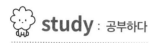 **study** : 공부하다

문제를 풀거나 암기할 때 그녀는 집에서 공부해.
She studies at home.

조용히 해. 그는 방에서 시험 공부하고 있어.
He's studying for the exam in his room.

큰일 났다. 나 시험 공부 하나도 안 했어.
I didn't study for the exam at all.

 learn : 배우다, 깨닫다

연설을 듣고 나서 나 교훈을 얻었어.
I learned a lesson.

공부를 그렇게 많이 했는데 난 배운 게 아무것도 없네.
I learned nothing.

괜찮아. 사람들은 실수하면서 배우는 거야.
People learn from their mistakes.

Chapter 21

나 과일 주스를 섞었어

I mixed yogurt and fruit.

나 요거트와 과일을 섞었어.

`mix`

★ 섞은 후에 물리적인 변화가 일어나지 않을 때
★ 원래 재료의 형태가 유지됨

I blended fruit juice.

나 과일 주스를 섞었어.

`blend`

★ 원래 형태가 변해 물리적인 변화를 일으킬 때

★ ★ ★

practice

 mix : 원래의 상태가 유지된 채 섞다

한번에 먹기 위해 난 그릇에 견과류를 섞어.

I mix nuts in a bowl.

추첨을 위해 통 속에 이름을 섞으세요.

Mix the names in a bowl.

배고파서 그녀는 시리얼과 우유를 섞었어.

She mixed cereal and milk.

 blend : 상태가 변화되게 섞다

소스를 만들기 위해서 난 재료를 섞었어.

I blended the ingredients.

아무리 휘저어도 기름과 물은 서로 섞이지 않아.

Oil and water won't blend with each other.

운동 전에 그녀는 단백질 셰이크를 섞었어.

She blended a protein shake.

동사

Chapter 22

나 운동 멈췄어

I stopped exercising.

나는 운동 잠시 멈췄어.

stop

★ 잠시 멈춤
★ 다른 행동을 하기 위해서 잠시 멈추는 것

stop

I quit exercising.

나는 운동 완전히 끊었어.

quit

★ 영원히 그만두는 것
★ 술, 담배 등을 끊는 것

quit

stop : 잠시 멈추다

밥 먹다가 전화 와서 그녀는 먹는 것을 멈췄어.

She stopped eating.

말하다가 목이 말라서 난 말하는 것을 멈췄어.

I stopped talking.

갑자기 배가 고파서 그들은 게임하는 것을 멈췄어.

They stopped playing the game.

 quit : 완전히 그만두다

시간을 낭비하는 것 같아서 그들은 게임을 끊었어.

They quit playing the game.

그가 내 말을 듣지 않아서 난 그에게 말하는 것을 그만뒀어.

I quit talking to him.

건강에 해로워서 난 담배를 끊었어.

I quit smoking.

Chapter 23

나 그를 도왔어

help

I helped him.

나 문제 해결을 위해 그를 도왔어.

`help`

★ 문제 해결을 위해 도와주는 느낌

I assisted him.

나 보조하기 위해 그를 도왔어.

`assist`

★ 효율성과 수월성을 위해 보조하는 느낌
★ 스포츠와 같이 협동하는 것

help : 문제 해결을 위해 돕다

안전요원인 그녀는 물에 빠진 사람을 도왔어.

She helped a drowning person.

여긴 위험하니까 아이들을 안전한 곳으로 가도록 도와.

Help the children to safety.

아스피린을 먹었더니 그것이 그녀를 더 나아지게 도왔어.

It helped her get better.

 assist : 보조하다

수술실에서 간호사는 의사를 도와.

The nurse assists the doctor.

일을 빨리 끝내기 위해 난 사장님을 도왔어.

I assisted my boss.

10일이 지난 후 군대가 수색을 돕기 위해 도착했어.

The army arrived to assist in the search.

Chapter 24

나 쉬었어

I rested a minute.

나 잠깐 쉬었어.

rest

★ 업무나 행위를 멈추고 잠깐 쉬는 느낌

I relaxed for a week.

나 푹 쉬었어.

relax

★ 휴가나 주말 등에 즐기기 위해 푹 쉬는 느낌

rest : 잠깐 쉬다

| 너무 피곤해서 난 퇴근 후 쉬었어.
I rested after work.

| 시험 기간에 너무 고생해서 그녀는 방학 때 쉬었어.
She rested during her break time.

| 최소 3시간 동안 회의하기 때문에 우리는 회의 끝나고 쉬어.
We rest after the meeting.

 relax : 푹 쉬다

| 내년에 방콕에 가면 난 수영장에서 쉴 거야.
I'm going to relax in the pool.

| 라스베이거스에 갔을 때 그녀는 와인을 마시며 쉬었어.
She relaxed with a glass of wine.

| 주말이 되면 우리는 TV 앞에서 쉬어.
We relax in front of the television.

Chapter 25

그들은 싸우고 있어

They are fighting.

그들은 몸싸움하고 있어.

`fight`

★ 몸싸움하다
★ 치고 받고 싸우는 것

They are arguing.

그들은 말싸움하고 있어.

`argue`

★ 말싸움하다
★ 언쟁하는 것

fight : 몸으로 싸우다

그들은 싸움을 잘해. 난 그들과 싸우지 않을 거야.
I'll not fight with them.

좀 다쳤어. 나 어제 친구와 싸웠어.
I fought with my friend yesterday.

나 유도 하잖아. 나 작년에 오빠와 싸웠어.
I fought with my brother last year.

 argue : 언쟁하다

그들은 날 이해 못 해. 난 그들과 언쟁하지 않을 거야.
I won't argue with them.

마음이 아프다. 난 어제 부모님과 언쟁을 했어.
I argued with my parents yesterday.

교육 문제로 난 작년에 남편과 언쟁을 했어.
I argued with my husband last year.

Chapter 26

그가 어제 나를 때렸어

He hit me yesterday.

그가 어제 나를 한 대 때렸어.

hit

★ 한 차례 때리는 느낌

He beat me yesterday.

그가 어제 나를 여러 차례 때렸어.

beat

★ 여러 차례 때리는 느낌
★ 두드리다

hit : 한 대 때리다

> 정말 미안해. 너를 때릴 의도는 아니었어.
>
> I didn't mean to hit you.

> 오해하지 마. 그들은 내 머리를 때리지 않아.
>
> They don't hit me on the head.

> 망치 줘봐. 난 그걸 망치로 때릴 거야.
>
> I'll hit it with a hammer.

 beat : 구타하다

> 병원 가야 해. 그들이 어제 나를 구타했어.
>
> They beat me yesterday.

> 벌 받아야겠네. 애들 때리지 마.
>
> Don't beat any kids.

> 어제 편지를 받고 나 심장이 빨리 뛰었어.
>
> My heart beat very fast.

Chapter 27

그는 잘 웃어

He laughs a lot.

그는 잘 웃어. (소리 나는 웃음)

`laugh`

★ 소리 내 웃는 것

He smiles a lot.

그는 미소를 잘 지어.

`smile`

★ 소리 없이 웃는 것
★ 미소와 같이 표정을 강조하는 느낌

laugh : 소리 내 웃다

내가 생각할 때 난 잘 웃어.

I laugh a lot.

쉿! 도서관에서는 웃지 마.

Don't laugh in the library.

내가 농담을 했더니 그녀가 엄청 웃었어.

She laughed so hard.

 smile : 미소 짓다

그를 보면 그는 항상 웃고 있어.

He's always smiling.

사실 말이야 넌 나를 미소 짓게 해.

You make me smile.

내가 너무 긴장했더니 그가 날 위해 미소를 지었어.

He smiled for me.

Chapter 28

그녀가 울고 있어

She is crying.

그녀가 울고 있어.

cry

★ 울다
★ 눈물과 소리가 동반되어 우는 모습

She is sobbing.

그녀가 흐느끼고 있어.

sob

★ 흐느껴 울다
★ 조용히 우는 모습

 **cry** : 울다

개 울보야. 그녀는 잘 울어.

She cries a lot.

난 어른이잖아. 난 더 이상 울지 않아.

I don't cry anymore.

다친 데가 아파서 난 울음을 멈출 수가 없어.

I can't stop crying.

 sob : 흐느끼다

엄마한테 혼나서 내 동생은 훌쩍거려.

My brother sobs.

안 좋은 일이 있는지 그녀가 흐느껴 울고 있네.

She's sobbing.

내가 헤어지자고 했더니 그가 흐느껴 울었어.

He sobbed.

Chapter 29

나 파일 삭제했어

I deleted **the file.**

나 파일 삭제했어.

`delete`

★ 삭제하다
★ 디지털 파일 등을 삭제하는 것

I erased **bad memories.**

나 나쁜 기억을 지웠어.

`erase`

★ 지우다
★ 기억, 글자 등을 지우는 것

delete : 삭제하다

컴퓨터에서 안 보여. 너 그 폴더 삭제했어?

Did you delete the folder?

이해가 안 가. 그녀는 매일 메시지를 삭제해.

She deletes the message every day.

기억하고 싶지 않아. 난 모든 사진과 비디오를 삭제했어.

I deleted all the photos and videos.

 erase : 지우다

부탁이 있어. 날 위해 칠판을 지워줄래?

Can you erase the board for me?

시험 볼 때 넌 틀린 답을 지워야 해.

You have to erase the wrong answer.

미안해. 내가 실수로 그걸 지웠어.

I accidentally erased it.

Chapter 30

나 머리 색 바꿨어

I changed my hair color.

나 머리 색 바꿨어.

change

★ 바꾸다
★ 새로운 변화를 주는 것

change

I exchanged the clothes.

나 옷을 교환했어.

exchange

★ 맞바꾸다
★ A와 B를 교환하는 것

exchange

change : 바꾸다

차가 자꾸 고장 나. 나 차 바꿀 거야.

I'll change my car.

옷이 더러워졌어. 나 옷 갈아입고 싶어.

I want to change my clothes.

재미없다. 채널 바꿀 수 있어?

Can you change the channel?

 exchange : 교환하다

인사 후 우리는 명함을 교환했어.

We exchanged business cards.

새로 산 옷이 안 맞아. 난 옷을 교환하고 싶어.

I want to exchange clothes.

안녕하세요. 저 환전하고 싶어요.

I'd like to exchange money.

Chapter 31

그는 눈을 깜빡였어

He blinked his eyes.

그는 두 눈을 깜빡였어.

blink

★ 깜빡이는 것
★ 양쪽 눈을 사용

He winked at me.

그가 나에게 윙크했어.

wink

★ 윙크하는 것
★ 한쪽 눈을 의도적으로 사용

 **blink** : 깜빡이다

눈에 뭐가 들어갔나 봐. 그는 눈을 깜빡이고 있어.

He's blinking.

눈부시더라고. 나 너무 밝아서 눈을 깜빡였어.

I blinked because it was too bright.

사람들은 매일 눈을 깜빡여.

People blink their eyes every day.

 wink : 윙크하다

얘기할 게 있어. 그가 나에게 윙크했어.

He winked at me.

너 나한테 윙크했어?

Did you wink at me?

봐봐! 그녀가 내게 윙크하고 있어.

She's winking at me.

Chapter 32

지퍼 고쳐줄 수 있어?

Can you fix my zipper?

지퍼 고쳐줄 수 있어?

fix

★ 일상에서의 간단한 수리

Can you repair the copier?

복사기 수리해줄 수 있어?

repair

★ 전문적인 지식과 기술이 필요한 수리

fix : 간단히 고치다

싱크대에 물이 새서 그는 테이프를 붙여 고쳤어.

He fixed it with tape.

컴퓨터가 느려졌지만 업데이트가 문제를 고쳤어.

The update fixed the problem.

모니터가 이상한데 너 내 모니터 고칠 수 있어?

Can you fix my monitor?

 repair : 전문적으로 수리하다

싱크대가 고장 나서 난 싱크대 고치시는 분을 불렀어.

I called a workman to repair the sink.

카센터에 차를 가져갔는데 그가 엔진을 고쳤어.

He repaired the engine.

친구가 수리센터에서 일해서 그가 내 폰을 고쳐줬어.

He repaired my phone.

Chapter 33

나 손가락 다쳤어

I hurt my finger.

나 손가락 다쳤어.

hurt

★ 일상에서의 상처. 경상
★ 칼에 베이거나 긁히는 정도의 가벼운 상처
★ 마음의 상처

I injured my finger.

나 손가락 부상당했어.

injure

★ hurt보다 정도가 심한 상처. 중상
★ 교통사고, 스포츠 부상과 같은 전문의의 도움이 필요한 상처

82

hurt : 가볍게 다치다

자꾸 때리지 마. 날 아프게 하지 마.
Don't hurt me.

조심해. 그게 널 다치게 할 수도 있어.
It may hurt you.

그와 헤어졌어. 그가 내 마음을 아프게 했어.
He hurt my feelings.

 injure : 부상당하다

어제 친구들이랑 놀다가 나 다리를 부상당했어.
I injured my legs.

그거 위험해. 그게 네 어깨를 다치게 할 수 있어.
It can injure your shoulders.

끔찍했어. 그 사고가 두 사람을 부상당하게 했어.
The accident injured two people.

Chapter 34

나 그것들을 모아

I collect books.

나 **책을** 수집해.

collect

★ 수집하다
★ 취미를 위해 비슷한 종류를 수집하는
　느낌

I gathered evidence.

나 증거를 모았어.

gather

★ (사람, 물건 등) 모으다
★ 특정 목적을 위해 사용하려고 재료를
　모으는 느낌

collect : 수집하다

기회가 될 때마다 난 게임을 모아.

I collect games.

새로 친구들을 사귀었는데 그들은 야구 카드 모으는 걸 좋아해.

They like to collect baseball cards.

유럽에 갔을 때 우리는 동전을 모았어.

We collected coins.

 ## gather : 모으다

겨울을 대비하기 위해 그녀는 장작을 모았어.

She gathered firewood.

요리를 하기 위해 우리는 모든 재료를 모았어.

We gathered all the ingredients.

이제 갈 시간이야. 네 물건들을 모아.

Gather your stuff.

Chapter 35

나 기억할 수 있어?

Can you remember me?

나를 기억할 수 있겠니? (긍정 반응 기대)

remember

★ 이미 알고 있는 것
★ 노력하지 않아도 기억하는 것

Can you recall it?

그걸 기억할 수 있겠니? (노력해봐)

recall

★ 가물가물해서 노력으로
　re(다시) + call(부르는 것)
★ 기억해내는 것, 떠올리는 것

remember : 노력하지 않아도 기억하다

항상 나에게 친절했거든. 난 그녀를 잘 기억하지.
I remember her well.

사진이 있으니 그들은 그날을 항상 기억할 수 있어.
They can always remember that day.

아직도 생생해. 난 직장 첫 출근을 기억해.
I remember my first day at work.

 recall : 노력해서 떠올리다

잘 생각해봐. 너 그의 이름을 기억해?
Do you recall his name?

목격자가 필요한데 무슨 일이 일어났는지 기억해봐.
Try to recall what happened.

10년 전 일이라 난 그 파티를 기억하지 못해.
I don't recall the party.

Chapter 36

고기 잘라줄래?

Can you chop the meat?

고기 덩어리로 잘라줄래?

chop

★ 덩어리가 큰 것을 작게 나누는 것
★ 토막 썰다

Can you slice the cheese?

치즈 얇게 잘라줄래?

slice

★ 얇고 넓게 자르는 것

chop : 토막 내 자르다

카레에 넣으려고 난 당근을 잘랐어.

I chopped some carrots.

캠핑 가서 그는 불을 피우려고 나무를 잘랐어.

He chopped wood for the fire.

아기가 먹을 거니까 감자를 작게 잘라줄래?

Can you chop the potato into pieces?

 slice : 얇게 썰다

샐러드 만들어줄게. 난 모든 과일들을 얇게 썰 거야.

I'll slice all the fruits.

맛있겠지? 아빠가 생선회를 떠주셨어.

My father sliced raw fish.

샌드위치에 넣을 거라서 난 토마토를 얇게 썰었어.

I sliced a tomato.

Chapter 37

나 파일을 저장했어

I saved the file.

나 파일을 저장했어. (디지털)

`save`

★ (손실, 손상으로부터) 구하거나 지키는
  느낌
★ '버리다'의 반대 개념

I stored the file.

나 파일을 보관했어. (종이 문서)

`store`

★ (자료, 사진 등) 저장하고 보관하는 느낌
★ 물건의 장소를 옮기는 느낌

애피사

save : 저장하다

다 수정했어. 이 파일 어떻게 저장하면 돼?

How can I save this file?

자료 날아가도 상관없어. 나 이 문서 저장 안 할 거야.

I won't save this document.

포토샵 끝났지? 너 사진 저장했어?

Did you save the picture?

store : 보관하다

책이 너무 많아서 난 내 책들을 지하실에 보관해.

I store my books in the basement.

먹을 거 많아. 난 수납장에 모든 음식을 보관해.

I store all the food in the cabinet.

간직하고 싶은데 내가 정보를 어디에 저장할 수 있어?

Where can I store information?

Chapter 38

나 거기 가기로 결정했어

I chose to go there.

나 거기 가기로 결정했어.

choose

★ 원하는 것을 하기로 결정하다
★ 판단하는 느낌
★ 과거형(chose) 주의

I selected the date.

나 날짜를 선택했어.

select

★ 특정 범위 내에서 고르는 느낌
★ 선택지에서 신중히 고름

choose : 결정하다

고민 끝에 거절하기로 결정했어.

I chose to say no.

행복하기로 결정했어. 인생 짧잖아.

I chose to be happy.

그와 함께 있기로 결정했어. 가족이니까.

I chose to stay with him.

select : 선택하다

계속 진행하시려면 목록에서 하나를 선택하세요.

Please select one from the list.

선수들 중 실력이 뛰어나서 그는 그 팀에 선택되었어.

He was selected for the team.

종류가 많구나! 넌 기계에서 사탕을 선택할 수 있어.

You can select a candy from the machine.

Chapter 39

저녁 만들어줄래?

make

Can you make dinner?

저녁 만들어줄래?

`make`

★ 노력과 시간을 들여 만들어내는 느낌

---

create

Can you create a recipe?

레시피 개발해줄래?

`create`

★ (디자인, 음악 등) 없던 것을 창조하는 느낌

make : 만들다

요리를 잘 못해서 난 한 시간 만에 케이크를 만들 수 없어.

I can't make a cake in an hour.

배고파서 난 라면을 끓였어.

I made ramen.

놓치는 거 없게 너 쇼핑 목록을 만들어줄 수 있어?

Can you make a shopping list for me?

 create : 창조하다, 개발하다

타고난 천재성으로 그는 전기를 만들었어.

He created electricity.

우주가 어떻게 만들어졌어요?라고 선생님께 여쭤보았다.

How was the universe created?

재능이 많았기에 그녀는 걸작품을 만들었어.

She created a masterpiece.

Chapter 40

나 물건을 옮겼어

I moved stuff.

나 물건을 옮겼어.

move

★ 물건, 사람 등을 옮기는 것
★ 한 장소에서 다른 장소로 옮기는 것

I carried diseases.

나 질병 옮겼어.

carry

★ 물건, 질병 등을 옮기는 것
★ 내가 몸에 지녀서 옮김을 강조

move : 물건을 옮기다

방이 바뀌어서 난 내 짐을 모두 옮겼어.

I moved all my stuff.

청소하기 위해서 그녀는 의자를 옮겼어.

She moved her chair.

집이 너무 좁아서 우리는 더 큰 집으로 이사했어.

We moved to a bigger house.

 carry : 병을 옮기다, 몸에 지녀서 옮기다

정말 궁금한데 비둘기가 질병을 옮겨?

Do pigeons carry diseases?

동화책에서 보면 당나귀는 무거운 짐을 옮겨.

A donkey can carry a heavy load.

강아지가 아파서 난 우리 개를 수의사에게 옮겼어.

I carried my dog to the vet.

Chapter 41

영어 가르칠 수 있니?

teach

Can you teach English?

영어 가르칠 수 있니?

teach

★ 가르치다
★ (개념, 이론, 역사 등) 지식을 전달하는
  느낌

---

instruct

Can you instruct him to stop?

그에게 멈추라고 지시해줄래?

instruct

★ 안내하다, 지시하다
★ (질서, 방법, 규율 등) 목적 달성을 위해
  지시하는 느낌

teach : 가르치다

초등학교에서 난 그들에게 덧셈을 가르쳤어.

I taught them addition.

집안 형편이 어려워서 난 독학했어.

I taught myself.

조카가 5세니까 난 그에게 쉬운 단어를 가르칠 거야.

I'll teach him easy words.

 ## instruct : 안내하다, 지시하다

시험 보기 전에 난 그들에게 규칙을 가르쳐줬어.

I instructed them on the rules.

시끄러웠나 봐. 선생님이 우리에게 조용히 하라고 하셨어.

The teacher instructed us to be quiet.

수업 후에 그녀는 나에게 발음 연습을 하라고 했어.

She instructed me to work on my pronunciation.

Chapter 42

달걀 값이 올랐어

Egg prices increased.

달걀 값이 올랐어.

increase

★ 수, 양, 가치 등을 확장시키는 느낌

increase

I raised eyebrows.

나 눈썹을 들어올렸어. (놀랐어)

raise

★ 물건의 위치를 올리다
★ 아래에서 위로 들어올리는 느낌

raise

* * *

practice

 increase : 가치를 올리다

수지가 안 맞아서 주인이 가격을 올렸어.

The owner increased the price.

인테리어 후에 그들은 집의 가치를 올렸어.

They increased the value of the house.

우리의 목표는 한국에서 매출을 올리는 거야.

Our goal is to increase sales in Korea.

 raise : 아래에서 위로 올리다

미용실에서 미용사가 내 의자를 올렸어.

The hairdresser raised my chair.

건배사가 끝나고 우리는 잔을 들어올렸어.

We raised our glasses.

질문이 있어서 그녀는 손을 들었어.

She raised her hand.

Chapter 43

나 목적지에 도착했어

I arrived at the destination.

나 **목적지에** 도착했어.

arrive

★ 목적지에 도착한 느낌
★ (기차, 배, 버스 등) 운송수단과 스케줄에 자주 사용됨

I reached the finish line.

나 **결승선에** 도착했어.

reach

★ 어려움을 극복하고 도착한 느낌
★ 도달하는 과정을 강조
★ 장소뿐만 아니라 목적 달성에도 사용

$$\star \ \star \ \star$$

practice

 arrive : 목적지에 도착하다

걱정 마. 그녀는 8시 30분에 도착했어.

She arrived at eight thirty p.m.

서둘러! 버스는 10시에 도착할 예정이야.

The bus is scheduled to arrive at ten.

우리는 방문자들이 곧 도착했으면 해. 행사가 곧 시작되거든.

We expect visitors to arrive soon.

 reach : 원하는 곳에 도달하다

노력 끝에 난 목적을 달성했어.

I reached my goal.

힘들겠지만 나는 너의 기대에 부응하고 싶어.

I hope to reach your expectations.

우여곡절 끝에 군대는 10일 뒤에 미국에 도착했어.

The army reached America ten days later.

Chapter 44

사람들이 미끄러져

People slide down the hill.

사람들이 (썰매 타고)
언덕 아래로 미끄러져.

slide

★ 의도적
★ 스포츠나 썰매 등 미끄러지는 것

People slip on the ice.

사람들은 빙판 위에서 미끄러져.

slip

★ 의도 없음
★ 본인의 의도와 상관없이 미끄러지는 사고

동사

 slide : 미끄러지다

저기 썰매 타는 거 봐. 사람들이 눈 위에서 미끄러지고 있어.

People are slide on the snow.

수영장에서 그는 물속으로 미끄러지듯 들어가고 있어.

He's sliding into the water.

이걸로 사자. 이 서랍들은 쉽게 열리고 닫혀.

These drawers slide in and out easily.

slip : 미끄러지는 사고가 나다

실수할 수도 있지. 김연아가 빙판 위에서 미끄러졌어.

김연아 slipped on the ice.

아프겠다. 그 모델이 무대 위에서 미끄러졌어.

The model slipped on the stage.

물청소 했거든. 바닥이 젖었어. 미끄러지지 마.

The floor is wet. Don't slip.

Chapter 45

그가 나를 밀었어

He pushed me.

그는 나를 세게 밀었어.

`push`

★ 힘주어 밀다
★ 문, 쇼핑 카트 등을 밀다

He nudged me.

그는 나를 살짝 밀었어.

`nudge`

★ 살짝 밀다
★ 특히 팔꿈치로 쿡 찌르다

push : 세게 밀다

너는 목록을 확인해. 난 카트를 밀게.

I'll push the cart.

안 열리니? 넌 문을 세게 밀어야 해.

You need to push the door hard.

힘을 합쳐보자. 넌 밀어. 난 당길게.

You push and I'll pull.

 nudge : 쿡 찌르다

TV 보는데 그가 나를 쿡 찌르며 말을 걸었어.

He nudged me and talked to me.

버릇이 있는데 난 대화할 때 사람들을 쿡쿡 찔러.

I nudge people when I talk.

내일 시험이거든. 내가 잠 들면 쿡쿡 찔러줄래?

Can you nudge me when I fall asleep?

Chapter 46

나 숨 쉬기 힘들어

It is hard to breathe.

나 숨 쉬기 **힘들어**.

`breathe`

★ 숨 쉬다
★ 호흡하다

I am panting.

나 헐떡이고 있어.

`pant`

★ 헐떡이다
★ 숨이 차서 헐떡이다

breathe : 숨 쉬다, 호흡하다

이제 정신이 들어? 숨 쉴 수 있어?

Can you breathe?

진정하기 위해 난 숨을 들이마시고 내뱉을게.

I'll breathe in and breathe out.

성적표를 보여드렸더니 아버지가 심호흡을 했어.

My father breathed deeply.

 pant : 헐떡이다

공원에서 뛰었더니 우리 개들이 헐떡이고 있어.

My dogs are panting.

1등으로 들어와서 그는 결승선에서 헐떡이고 있어.

He's panting at the finish line.

언덕이 가파른가 봐. 등산객들이 언덕 꼭대기에서 헐떡이고 있었어.

The hikers were panting on top of the hill.

Chapter 47

손잡이를 돌려줄래?

turn

Can you turn the handle?

손잡이 방향을 돌려줄래?

turn

★ 한 번 돌리는 것
★ 좌우 또는 상하로 방향을 바꾸는 행위

spin

Can you spin the top?

팽이 돌려줄래?

spin

★ 360도 돌리는 것
★ 반복적으로 돌리는 행위

turn : 한 번 돌리다

빛이 반사돼서 난 거울을 돌렸어.

I turned the mirror.

아기가 울어서 그녀는 아기 의자를 돌렸어.

She turned the baby seat around.

이삿짐 옮길 때 테이블을 뒤집어줄 수 있어?

Can you turn the table upside down?

 spin : 여러 번 돌리다

넌 손가락으로 공 돌릴 수 있어?

Can you spin a ball on your finger?

댄스 수업 때 난 파트너를 어떻게 돌리는지 배웠어.

I learned how to spin my dance partner.

차가 갑자기 껴들어서 그의 차가 걷잡을 수 없게 빙빙 돌았어.

His car spun out of control.

Chapter 48

팀에 가입할래?

Do you want to join the team?

팀에 참여할래?

`join`

★ 사람들과 시간을 보내거나 무언가에
   참여하는 느낌

Do you want to sign up for the team?

팀에 등록할래?

`sign up`

★ 비용 지불 또는 등록 절차를 밟고
   가입하는 느낌

 **join** : 함께하다

우리 외식할 건데 너 우리랑 같이 점심 먹을래?

Do you want to join us for lunch?

재밌겠다. 나도 껴도 돼?

Can I join you?

나 분기별로 마라톤 뛰어. 너도 언제 한번 나랑 같이하자.

You should join me sometime.

sign up : 등록하다

가입하기 전에 약관을 자세히 읽어보세요.

Before you sign up, read the policies carefully.

메시지 받은 후 난 멤버십에 가입했어.

I signed up for a membership.

1타 강사 수업, 나 어디서 그거 신청하는지 알고 싶어.

I want to know where I can sign up for that.

Chapter 49

너 그가 싫어?

hate

Do you hate him?

너 그가 싫어?

hate

★ 매우 강하게 싫은 느낌

Do you dislike him?

너 그를 안 좋아해?

dislike

★ hate(싫어하는 것)보다 완곡한 표현

 **hate** : 싫어하다

친구들이 괴롭히나 봐. 그는 학교 가는 걸 싫어해.

He hates going to school.

소개팅할 때 난 허풍 떠는 걸 좋아하는 남자가 싫어.

I hate the man who enjoys talking big.

나는 서울의 교통체증이 싫어. 시간 낭비야.

I hate traffic in Seoul.

 dislike : 좋아하지 않다

난 커피를 좋아하지 않아. 너무 써.

I dislike coffee.

난 버섯을 좋아하지 않아. 식감이 별로야.

I dislike mushrooms.

외로움을 잘 타서 난 가족과 떨어지는 걸 좋아하지 않아.

I dislike being away from my family.

Chapter 50

나 고기 구웠어

I barbecued the meat.

나 고기를 불에 직접 구웠어.

`barbecue`

★ 불에 직접 굽는 것
★ 소스를 발라가며 통째로 오래 굽는 느낌

barbecue

I grilled some vegetables.

나 채소를 석쇠에 구웠어.

`grill`

★ 석쇠 등의 표면을 달구어서 굽는 것

grill

barbecue : 불에 굽다

어른들이 좋아해서 난 파티에서 돼지를 통째로 구울 거야.

I'll barbecue a pig at the party.

장작 가져가자. 해변에서 음식을 구울 수 있대.

We can barbecue the food on the beach.

넌 전문가잖아. 칠면조 통째로 굽는 방법을 가르쳐줘.

Teach me how to barbecue a turkey.

 grill : 석쇠에 굽다

석쇠 준비해. 난 부엌에서 음식을 구울 거야.

I'll grill the food in the kitchen.

햄버거에 넣으려고 난 양파를 석쇠에 구웠어.

I grilled some onions.

나 좀 도와줘. 석쇠에 생선을 5분 동안 구워줄 수 있어?

Can you grill the fish for five minutes?

의도에 따라
다른 느낌

명사

100

Chapter 01

푹 쉬어

Get some rest.

푹 쉬어.

rest

★ 푹 쉬는 느낌
★ 잠을 자거나, 장시간 충분히 쉬는 것
★ 힘든 일을 한 후 쉬는 느낌

Take a break.

잠깐 쉬어.

break

★ 잠깐 쉬는 느낌
★ 잠깐 커피를 마시거나 짧게 대화하며
   쉬는 것

rest : 푹 쉬는 것

제가 지병이 있는데 한 달 동안 쉬어도 될까요?

Can I take a rest for a month?

일주일 내내 야근했거든. 오늘 밤 잘 쉬어야겠어.

I need to get a good rest tonight.

10시간 동안 걷고 우리는 산 정상에서 쉬었어.

We took a rest at the top of the hill.

 break : 잠깐 쉬는 것

너무 오래 회의했네. 우리 5분 쉬어도 될까요?

Can we take a five minute break?

자리에 앉으세요. 쉬는 시간 끝났어요.

Our break time is over.

너 너무 힘들어하는데? 내가 1분 쉬는 시간 줄게.

I will give you a one minute break.

Chapter 02

나 3층에 있어

I am on the third floor.

나 3층에 있어.

floor

★ 건물 내부의 층
★ 건물 안에서 위치를 말할 때 사용

I have a three story building.

나 3층짜리 집 있어.

story

★ 건물 전체 층수를 말할 때 사용

 **floor** : ○층

잘 찾아오고 있어? 방은 3층에 있어.

The room is on the third floor.

널 못 찾겠어. 너 몇 층에 있는 거야?

What floor are you on?

넌 어디 있니? 난 1층에 있어.

I'm on the first floor.

 story : ○층짜리

지금 보여드릴 집은 2층짜리 집입니다.

It's a two story house.

그 얘기 들었어? 걔 3층짜리 건물 샀대.

He bought a three story building.

걔 부자야. 그녀는 6층짜리 집에서 살아.

She lives in a six story house.

Chapter 03

나 그 돈 냈어

I paid
the shipping fee.

fee

나 택배비 냈어.

`fee`

★ 업체나 기관에 납부하는 비용
★ 수수료, 요금, 가입비 등을 의미

I paid the airfare.

fare

나 비행기 요금 냈어.

`fare`

★ 택시·버스·항공 요금 등 교통 요금을
　의미

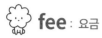 **fee** : 요금

성인 2명인데 입장료가 얼만가요?

How much is the admission fee?

이거 보내려면 너 등기료를 내야 해.

You should pay a registration fee.

가입하려면 제가 회원비를 내야 하나요?

Do I need to pay a membership fee?

 fare : 교통비

다행이다. 중국에서 버스 요금은 비싸지 않아.

The bus fare isn't expensive in China.

나 일본 가거든. 일본 택시 요금에 관한 정보 있니?

Do you have information about taxi fare in Japan?

필요하시면 가져가세요. 여기 기차 시간표와 요금 목록이 있습니다.

Here is a list of train schedules and fares.

Chapter 04

난 그가 잘생겨서 좋아

looks

I like him because of his looks.

난 그가 잘생겨서 좋아.

looks

★ 보다(look) + s = 외모(looks)
★ 눈, 코, 입과 같이 얼굴 생김새를 의미

appearance

I like his appearance.

난 그의 전반적인 외모가 좋아.

appearance

★ 옷차림, 헤어, 이미지 등 외형적으로 풍기는 모든 것

looks : 생김새

진짜 너무 부럽다. 그녀는 예뻐.

She has good looks.

잘 생각해봐. 잘생긴 외모는 좋을 수도 있고 나쁠 수도 있어.

Good looks can be good or bad.

내 생각에는 그가 너 외모 때문에 좋아하는 거야.

He likes you because of your looks.

appearance : 외모

그를 왜 좋아하냐고? 그의 외모가 좋아.

I like his appearance.

좀 걱정돼. 그는 외모에 신경을 너무 많이 써.

He cares so much about his appearance.

외모가 성격을 보여준다.

Appearance shows personality.

Chapter 05

그는 집이 두 채 있어

He owns 2 houses.

그는 집이 두 채 있어.

house

★ 집
★ 건축물 자체를 의미

He has a happy home.

그는 행복한 가정이 있어.

home

★ 가정, 고향
★ 정서적 느낌이 강함

 **house** : 집

나는 방 세 개짜리 집이 있어.

I have a three bedroom house.

돈이 모자라서 난 올해 집을 살 수 없어.

I can't buy a house this year.

예쁘지? 난 집을 노란색으로 페인트칠했어.

I painted my house yellow.

 home : 가정, 고향

여기 너무 편해. 집 같은 느낌이야.

I feel home.

여행 가면 힘들어. 집만 한 곳이 없어.

There's no place like home.

가정은 하루 아침에 만들어지지 않는다.

Home isn't built in a day.

Chapter 06

그거 어떤 맛이야?

What kind of taste is it?

그거 어떤 맛이야?

taste

★ 혀로 느낄 수 있는 맛
★ 단맛, 짠맛, 신맛, 쓴맛

What kind of flavor is it?

그거 어떤 식감이야?

flavor

★ 맛, 향, 식감 등 음식의 전체적인 맛
★ 진한 맛, 부드러운 맛 등

 **taste** : 맛

난 커피 안 좋아해. 커피는 쓴맛이 나.

Coffee has a bitter taste.

감기 걸려서 난 미각을 잃었어.

I lost my sense of taste.

이 사탕 먹어봐. 난 신맛을 좋아하거든.

I like a sour taste.

flavor : 풍미

먹어봤어? 육개장은 깊은 맛이 나.

육개장 has a rich flavor.

식전 요리야. 마늘이 음식 맛을 돋워주거든.

Garlic enhances the flavor of meals.

신선한 딸기의 맛은 굉장히 훌륭해. 향, 식감, 맛 모두.

The flavor of fresh strawberries is out of this world.

Chapter 07

손님 몇 분 오셨어요?

How many customers did you have?

손님 **몇 분 오셨어요?**

customer

customer

★ 가게에 물건을 사러 온 손님
★ 주로 상점에서 사용

How many clients did you have?

의뢰인 **몇 분 오셨어요?**

client

client

★ 전문적인 서비스를 받는 손님
★ 주로 법률·보험·금융 상담 등
　사무실에서 사용

customer : 손님

여기 매일 오셔. 그녀는 나의 단골 손님이거든.

She's my regular customer.

화장품 업체로서 우리 주 고객은 젊은 여성이야.

Our target customer is young women.

물건이 좋은가 봐. 많은 손님들이 정기적으로 이 가게에 와.

Many customers come to this store on a
regular basis.

 client : 의뢰인

유능한 변호사인가 봐. 그는 고객이 많아.

He has many clients.

펀드매니저로서 내 주 고객층은 부자들이야.

My target client is rich people.

금융회사에 다니는데 우리 회사는 해외 고객들이 많아.

Our company has many clients from
abroad.

Chapter 08

밥 먹고 약 먹어

Take medicine after eating.

밥 먹고 약 먹어.

medicine

★ 치료가 목적인 의약품

Do not take drugs.

마약 하지 마.

drug

★ 마약, 수면제, 마취제, 진통제 등을
　포함한 약물
★ 부정적 느낌도 있음

medicine : 약

몸 생각해서 먹어. 좋은 약은 입에 써.

A good medicine tastes bitter.

뉴스에서 봤는데 이거 새로운 약이야.

This is a new type of medicine.

꼭 기억하세요. 이 약은 식전에 드셔야 합니다.

You need to take this medicine before meals.

 drug : 약물, 마약

솔직히 말해줘. 그에게 약물 복용 문제가 있다고 생각해?

Do you think he has a drug problem?

그는 이 약에 대해 잘 알아. 그는 제약회사에서 일하거든.

He works for a drug company.

전쟁은 멈출 수 없나 봐. 전쟁은 마약과 같아.

War is a drug.

명사

Chapter 09

나 짐이 많아

I have a lot of baggage.

나 짐이 많아.

baggage

★ 짐. 셀 수 없는 개념
★ 가방, 박스, 케이스 등 집합적인 개념

baggage

I have 5 bags.

나 가방이 5개야.

bag

★ 가방. 개별적으로 셀 수 있는 것

bag

baggage : 짐 (셀 수 없음)

1박 2일 여행 가는데 너 짐이 너무 많다.

You have a lot of baggage.

탑승하기 전에 여기에 짐을 놔두세요.

Leave your baggage here, please.

비행기 타기 전에 나 짐 부쳐야 돼.

I have to check in my baggage.

 bag : 가방 (셀 수 있음)

이제 갈 건가 봐. 그는 가방을 싸고 있어.

He's packing his bag.

장을 많이 봤나 봐. 그의 장바구니가 무거워.

His shopping bag is heavy.

쇼핑할 때 보면 여자 가방이 남자 가방보다 비싸.

Women's bags are more expensive than men's bags.

Chapter 10

도시 투어는 재미있었어

The city tour was fun.

도시 투어는 재미있었어.

tour

★ 여행, 관광
★ 주로 여러 곳을 돌아다니는 여행
★ 기쁘고 즐거운 여행 느낌

The long journey was hard.

긴 여정은 힘들었어.

journey

★ 여정
★ 상대적으로 길고 힘든 장거리 여행
★ 목적지보다는 과정에 중점을 두는 느낌

tour : 여행, 관광

저 신입생인데요, 캠퍼스 투어 할 수 있을까요?

Can I have a campus tour?

우리는 이탈리아에서 버스 관광 할 때 만났어.

We met on a bus tour in Italy.

정말 즐거웠어. 우리 관광의 최고는 궁전을 보는 거였어.

The highlight of our tour was seeing the palace.

 journey : 여정

건강관리 잘해. 우리는 긴 여정을 앞두고 있어.

We have a long journey ahead.

여행 어땠냐고? 아프리카까지는 정말 긴 여정이었어.

It was such a long journey to Africa.

인생은 긴 여정이다.

A life is a long journey.

Chapter 11

연봉 얼마였어?

What was your salary?

salary

연봉 얼마였어?

salary

★ 급여, 월급
★ 주로 직장인들의 정기적인 고정 급여

What was your hourly wage?

시급 얼마였어?

wage

★ 시급, 주급
★ 아르바이트나 일용직의 단기 급여
★ 시간으로 계산한 노동의 대가

salary : 급여, 월급

기분 좋다. 사장님이 내 월급을 올려주셨어.

My boss raised my salary.

넌 월급에 만족해? 난 내 월급에 만족하지 않아.

I'm not satisfied with my salary.

돈 없다고. 나 월급을 전부 새 차에 썼어.

I spent all my salary on a new car.

 wage : 시급, 주급

돈을 좀 더 모아야 해. 그의 주급은 100달러야.

His weekly wages are one hundred dollars.

질문이 있어. 한국의 최저임금(시급)은 얼마야?

What's the minimum wage in Korea?

우리 카페 시급은 한 시간에 8달러야.

The minimum wage is eight dollars an hour.

Chapter 12

난 그의 사진을 찍었어

I took a photo of him.

난 그의 사진을 찍었어.

photo

★ 사진
★ 카메라로 찍은 사진을 의미

I drew a picture of him.

난 그의 초상화를 그렸어.

picture

★ 사진 + 그림
★ 사진뿐 아니라 그림도 의미

photo : 사진

얘 누구야? 나 이 사진 속 남자가 마음에 들어.

I like the man in this photo.

정말 멋지다. 이거 최근 사진이니?

Is that a recent photo?

사진 정리를 하다가 그는 사진을 잘게 찢었어.

He tore the photo into pieces.

 picture : 그림, 사진

그림 잘 그리는 법 좀 알려줘. 난 잘 못하거든.

Teach me how to draw a good picture.

이 책은 그림이 많아. 그래서 이해가 잘돼.

This book has many pictures.

건물에 들어가니까 꽃 그림이 벽에 걸려 있었어.

A picture of flowers hung on the wall.

Chapter 13

이 가게에는 모든 게 다 있어

store

This store has everything.

이 가게에는 모든 게 다 있어.

store

★ 다양한 종류를 취급하는 큰 가게
★ 대형 마트

This shop is too small.

이 가게는 너무 작아.

shop

★ 한 종류를 취급하는 작은 가게

store : 큰 가게, 대형 마트

늦게 온 이유는 그가 퇴근하고 식료품점에 갔거든.

He went to the grocery store after work.

뭐 필요한 거 없어? 나 지금 편의점에 갈 건데.

I'm going to a convenience store.

물건이 싸고 다양해서 난 이것들을 온라인에서 샀어.

I got these from an online store.

 shop : 작은 가게

직장을 그만두고 그녀는 네일숍을 열었어.

She opened a nail shop.

아주 바쁘게 살더라고. 그는 카센터를 운영하거든.

He runs a body shop.

여기 또 오자. 이 커피숍은 아늑하네.

This coffee shop is cozy.

Chapter 14

나 화장실 가

I am going to the bathroom.

나 집에 있는 화장실 가.

bathroom

★ 집에 있는 화장실
★ 목욕(bath)을 하는 방(room)

I am going to the restroom.

나 공공장소에 있는 화장실 가.

restroom

★ 공중 화장실, 건물 화장실 등

bathroom : 집에 있는 화장실

집이 참 좋다. 근데 화장실 좀 써도 되니?

Can I use your bathroom?

화장실 필요하면 내 방으로 가. 화장실은 내 방에 있어.

There's a bathroom in my room.

너네 집 크다며? 너네 집 화장실은 몇 개니?

How many bathrooms are there in your house?

 restroom : 밖에 있는 화장실

지금 가지 마. 화장실에 줄이 길어.

There's a long line at the restroom.

혹시 필요하다면 화장실은 복도 건너편에 있어.

The restroom is across the hall.

잠깐 얘기 좀 해. 아래층 화장실에서 만나.

Meet me downstairs at the restroom.

Chapter 15

서명 좀 해주실래요?

Can I get your signature?

signature

서명 좀 해주실래요?

signature

★ 영수증, 문서에 하는 서명

Can I get your autograph?

autograph

사인 좀 해주실래요?

autograph

★ 연예인이나 유명인이 하는 사인

signature : 서명

고객님! 여기에 서명이 필요합니다.
I need your signature here.

주소 알려줘. 서명할 수 있도록 그거 보낼게.
I'll send it to you for your signature.

보세요. 문서에 제 서명이 있잖아요.
There's my signature on a document.

 autograph : 유명인 사인

저 팬인데요, 사인 받을 수 있나요?
Can I get your autograph?

그는 인기가 많아. 사람들은 그의 사인을 원해.
People want his autograph.

저기 좀 봐. 사람들이 그녀의 사인을 받으려고 줄 서 있어.
People are waiting in line to get her autograph.

Chapter 16

내가 쓰레기 버릴게

I will take out the trash.

내가 쓰레기 버릴게.

trash

★ 물기 없는 쓰레기
★ 종이, 휴지, 플라스틱, 금속 등

I will take out the garbage.

내가 음식물 쓰레기 버릴게.

garbage

★ 물기 있는 쓰레기
★ 음식물 쓰레기 등

trash : 물기 없는 쓰레기

쓰레기를 보면 우리는 쓰레기를 주워야 해.

We need to pick up the trash.

여러분! 쓰레기를 길에 버리지 마세요.

Don't throw away the trash on the street.

엄마가 바쁘셔서 내가 어제 쓰레기 버렸어.

I took out the trash yesterday.

 garbage : 물기 있는 쓰레기

며칠 전에 주방에 있는 음식물 쓰레기 버렸니?

Did you take out the garbage in the kitchen?

나는 음식을 음식물 처리기에 버리거든. 엄청 편해.

I dump food in the garbage disposal.

궁금해. 우리는 하루에 얼마의 음식물 쓰레기를 만들지?

How much garbage do we make in one day?

Chapter 17

길이 없어

This road is closed.

차 다니는 길이 없어.

road

★ 버스, 자가용 등 차가 다니는 도로
★ A에서 B로 이동하기 위한 길

It is on the street.

그것이 도로 위에 있어.

street

★ 큰 도시나 번화가의 걷는 길
★ 도로와 주변 상가를 포함한 넓은 의미

road : 차가 다니는 도로

나 좀 늦을 것 같아. 도로 보수작업이 길을 막고 있어.

There's road work blocking my way.

난 길을 따라 호수로 갔어. 풍경이 좋더라고.

I followed the road to the lake.

도로는 1년 내내 유지보수 돼. 그래서 차가 다니는 데 문제없어.

The roads are maintained throughout the year.

 street : 걷는 도로, 번화가

라스베이거스에 가면 길가에 아름다운 호텔들이 많아.

There're many beautiful hotels on the street.

런던에 가면 넌 길가에서 많은 상점들을 볼 수 있어.

You can see many stores on the street.

뉴욕에 갔더니 길에 사람도 많고 차도 많더라.

There were many people and cars on the street.

Chapter 18

그는 매너가 좋아

He has good manners.

그는 매너가 좋아.

manners

★ 친절함, 공손함
★ 개인이 상대를 배려하는 행동

He has good etiquette.

그는 에티켓이 좋아.

etiquette

★ 규칙을 잘 지키는 것
★ 공공장소에서의 의미, 질서

manners : 친절함, 공손함

장점을 말하자면 내 남자친구는 매너가 좋아.

My boyfriend has good manners.

영화 〈킹스맨〉 중 매너가 사람을 만든다.

Manners make a man.

분위기 이상해지잖아. 너 매너가 왜 그러니?

Where are your manners?

 etiquette : 규칙을 잘 지키는 것

미리 읽어주세요. 10가지 사무실 에티켓이 있습니다.

There are ten office etiquette rules.

개념이 없나 봐. 그들은 비행기 에티켓을 몰라.

They don't know airplane etiquette.

어머님들 읽어주세요. 여기 아이들의 식사 예절이 있습니다.

Here's the etiquette of eating for children.

Chapter 19

나 기회를 얻었어

I got chances.

나 운이 좋아 기회를 얻었어.

chance

★ 행운
★ 노력 없이 운이 좋아 얻게 된 기회

I made opportunities.

나 좋은 기회를 만들었어.

opportunity

★ 기회
★ 열심히 노력해서 만드는 기회

chance : 우연한 행운

정말 운이 좋아. 난 발표할 기회를 얻었거든.

I got a chance to show my presentation.

기운 내. 너에게 또 다른 기회가 있을 거야.

There'll be another chance for you.

분명히 말하는데 이번이 너의 마지막 기회야.

This is your last chance.

 opportunity : 노력해서 만든 기회

지금까지 노력했잖아. 너의 기회를 놓치지 마.

Don't miss your opportunity.

공평하다고 생각해. 우리에게 동등한 기회가 있어.

We have an equal opportunity.

넌 할 수 있어. 기회가 보이지 않으면, 기회를 만들어.

If you don't see an opportunity, make an opportunity.

Chapter 20

나 시험 봤어

I took a final exam.

나 기말고사 봤어.

exam

★ 시험
★ 교육기관에서 보는 시험
★ 중간고사, 기말고사 등

I took a driving test.

나 운전면허 시험 봤어.

test

★ 검사
★ 교육, 의학, 자동차 등 포괄적인 시험
★ 혈액 검사, DNA 검사 등

exam : 교육기관에서 보는 시험

이제 홀가분하다. 나 시험 모두 잘 봤어.

I did well on all my exams.

미리 연습해. 교과서 뒤에 모의 시험이 있거든.

There's a mock exam at the end of the textbook.

헷갈려서 그러는데 너 중간고사가 언제니?

When is your midterm exam?

 test : 포괄적 의미의 검사

혈액형을 몰라. 나 피검사 받아야 돼.

I have to take a blood test.

너무 떨린다. 나 도로주행 시험 보기 싫어.

I don't want to take a road test.

너 아이큐 알아? 나 아이큐 테스트 두 번 받았어.

I took an IQ test twice.

Chapter 21

나 그 요리 좋아해

I love Chinese cuisine.

나 중국 요리가 좋아.

cuisine

cuisine

★ 나라 이름과 함께 사용 (예, 프랑스 요리)
★ (그 나라) 요리법

I love the main dish.

나 메인 요리가 좋아.

dish

dish

★ 코스 요리의 일부
★ 채소 요리, 생선 요리

cuisine : 요리법

멕시코에서 우리는 그 지역의 요리를 먹었어.

We ate the local cuisine.

매운 거 좋아해? 인도 요리는 살짝 매워.

Indian cuisine is a little spicy.

굉장히 유용해. 이 책은 전 세계 요리 안내서야.

This book is the guide to world cuisine.

 dish : 구체적 요리

결정이 힘드시면 주방장 특선 요리를 추천할게요.

I recommend the chef's dish.

외국인들은 한국 반찬을 너무 좋아해. 다양하거든.

Foreigners love Korean side dishes.

잠시만. 이 요리는 크림과 함께 먹어야 맛있어.

This dish is delicious with cream.

Chapter 22

얘는 내 친구야

This is my buddy.

얘는 내 친구야.

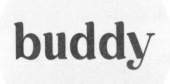

buddy

★ friend(친구)보다 친근한 느낌
★ 모르는 상대를 친근하게 부를 때도 사용

This is my playmate.

얘는 내 소꿉친구야.

mate

★ 주로 '단어 + mate'로 사용
★ 어떤 친구인지 설명할 때 사용

★ ★ ★

practice

 buddy : friend보다 친근한 느낌

왜 혼자 있어? 너 친구는 어디 있니, 아들아?

Where's your buddy, son?

친해 보이지? 우리는 학창 시절부터 친구였어.

We have been buddies since we were in school.

이봐요, 이거 떨어뜨린 것 같은데요.

Hey, buddy, I think you dropped this.

 mate : 어떤 친구인지 설명할 때

걱정하지 마. 나 지금 반 친구랑 같이 있어.

I'm with my classmate now.

자신을 사랑하면, 영혼의 반려자가 당신을 찾을 거예요.

Your soulmate will find you.

난 팀 동료들이 자랑스러워.

I'm proud of my teammates.

나 일행이 있어

I have company.

나 일행 있어.

company

★ 일행, '함께 있음'의 느낌
★ 셀 수 없는 명사
★ '회사'라는 뜻도 있음

I have a party of 7.

일행이 7명이야.

party

★ 단체, 그룹
★ 셀 수 있는 명사
★ '파티'라는 뜻도 있음

company : 일행

어서 오세요. 일행 있으세요?

Do you have company?

죄송해요. 손님 있는 줄 몰랐네요.

I didn't realize you had company.

잘 지내봐. 그는 좋은 친구야.

He's good company.

 party : 단체, 그룹

어서 오세요. 일행이 몇 분이세요?

How many people are in your party?

예약 부탁 드려요. 저희는 3명이에요.

We're a party of three.

수학여행인가 봐. 학생들 일행이 제주도에 갔어.

A party of students went to 제주도.

Chapter 24

그 양념 좀 줄래?

Can you give me the seasoning?

그 양념 좀 줄래?

seasoning

★ 양념, 조미료
★ seasoning은 spice를 포괄함

Can you give me the spice?

그 향신료 좀 줄래?

spice

★ 향신료 (후추, 고춧가루 등)
★ 식물의 씨앗, 뿌리, 열매, 껍질 등을 가루로 만든 것

seasoning : 양념

소금, 식초, 간장은 양념이야.

Salt, vinegar, and soy sauce are seasonings.

좀 싱거워. 우리 양념을 더 넣어야겠다.

We need to add more seasoning.

맛이 강해. 요리사가 요리에 양념을 너무 많이 넣었어.

The chef added too much seasoning to the dish.

 spice : 향신료

후추, 생강, 계피는 향신료야.

Pepper, ginger, and cinnamon are spices.

한국에 또 올게. 난 매운 양념 때문에 한국 음식 좋아.

I love Korean food because of the hot spices.

향을 맡아봐. 인도 요리에 쓰이는 10가지 기본 향신료들이야.

These're the ten basic spices for Indian cooking.

Chapter 25

나 밥 먹을 거야

I will have a meal.

나 식사할 거야.

meal

★ 끼니, 밥, 식사
★ 아침, 점심, 저녁과 같이 때 맞춰 챙겨 먹는 것

meal

I will have a snack.

나 간단히 먹을 거야.

snack

★ 간식, 간단한 식사
★ 식사보다 양이 적고, 빠르게 먹는 것

snack

meal : 끼니, 밥, 식사

건강을 생각해서 난 하루에 3끼를 먹어.

I have three meals a day.

너무 바빠서 그는 종종 끼니를 걸러.

He often skips meals.

여쭤볼 게 있는데요. 기내에서 식사가 제공되나요?

Is a meal served on this flight?

 snack : 간식

출출하네. 간식 생각 있니?

Do you feel like having a snack?

간식으로 그녀는 과일과 견과류를 먹어.

For snacks, she eats fruit and nuts.

무지 바쁘셔서 아빠는 항상 차에서 간단히 식사해.

My dad always eats a snack in his car.

Chapter 26

나 영화 봐

I watch a movie.

나 영화 봐.

movie

★ 오락을 위한 영화
★ 영화의 재미 요소, 상업적인 요소를 강조

I study film.

나 영화를 공부해.

film

★ 작품성을 강조한 영화
★ 영화의 기술적, 예술적, 철학적 요소를
  강조

movie : 영화

우린 달라. 난 로맨스 영화를 좋아하고 그는 액션 영화를 좋아해.

I like romance movies and he likes action movies.

팝콘과 영화는 휴식하기 좋은 방법인 것 같아.

Some popcorn and a movie sounds like a good way to relax.

기분이 좋아졌어. 대부분 할리우드 영화는 결말이 행복해.

Most Hollywood movies have a happy ending.

film : 작품

기대해도 좋아. 그것은 국제 영화 축제야.

It's an international film festival.

이건 전쟁에 관한 다큐멘터리 영화야.

This is a documentary film about the war.

그에게 물어봐. 그는 영화 산업에서 일해.

He works in the film industry.

Chapter 27

Love는 L로 시작해

Love starts with the letter L.

letter

Love는 글자 L로 시작해.

letter

★ 문자 (ㄱ, ㄴ, ㄷ, A, B, C)
★ 알파벳 또는 소리를 나타내는 음소

I know 1,000 Chinese characters.

character

나 1000개의 한자를 알아.

character

★ 뜻이 있는 글자
★ 글자 기호나 부호처럼 모양을 나타냄
　　예) 상형문자, 한자

letter : 문자, 음소

이거 P야 R이야? 이 글자 알아보겠니?

Can you recognize this letter?

고모랑 함께 읽어보자. DOG는 세 글자 단어야.

DOG is a three letter word.

한국말 몰라. 난 훈민정음을 전혀 몰라.

I don't know Korean letters at all.

 character : 뜻이 있는 글자

한자를 읽고 쓸 줄 알아?

Do you know how to read and write
Chinese characters?

여러 번 시도했는데 내 컴퓨터가 이 글자(기호)를 인식 못 하네.

My computer doesn't recognize this character.

여기 벽을 봐. 고대 이집트 문자는 읽기 어려워 보여.

Ancient Egyptian characters look very
difficult to read.

Chapter 28

나 바다에서 수영해

I swim in the sea.

나 바다에서 수영해.

sea

sea

★ 바다 (작은 개념)
★ ocean의 일부, ocean과 육지가 만나는 부분
★ 지중해, 흑해 등

Sharks swim in the ocean.

상어는 큰 바다에서 수영해.

ocean

ocean

★ 대양 (큰 개념)
★ 태평양, 대서양, 인도양 등

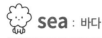 **sea** : 바다

아이들 좀 봐. 그들은 바다에서 수영하고 있어.

They're swimming in the sea.

여기 지도를 봐. 나 흑해로 여행 갈 거야.

I'll travel to the Black Sea.

넌 믿을 수 있어? 어떻게 모세가 홍해를 갈랐을까?

How did Moses part the Red Sea?

 **ocean** : 대양

거센 물살 좀 봐. 이 강은 태평양으로 흘러 들어가.

This river flows into the Pacific Ocean.

지도에서 보면 대서양은 아메리카와 유럽을 분리해.

The Atlantic Ocean separates America from Europe.

세상에서 가장 작은 대양은 북극해입니다.

The smallest ocean in the world is the Arctic Ocean.

Chapter 29

나 무릎이 까졌어

I scraped my knee.

나 무릎이 까졌어.

knee

★ 무릎 관절
★ 무릎을 구부릴 때 접히는 부분

I put my bag on my lap.

나 가방을 허벅지 위에 놓았어.

lap

★ 허벅지 윗부분
★ 앉았을 때 물건을 올려놓는 부분

knee : 무릎 관절

의사 선생님, 제가 무릎을 구부릴 수가 없어요.

I can't bend my knee.

자전거는 초보야. 난 무릎 보호대가 필요해.

I need a knee guard.

코치님, 저 무릎 부상을 당했습니다.

I had a knee injury.

lap : 허벅지 윗부분

귀엽지? 우리 개가 내 허벅지 위에 앉아 있어.

My dog is sitting on my lap.

면접 볼 때 넌 손을 허벅지 위에 올려놓아야 해.

You need to put your hands on your lap.

좋아 보인다. 너 허벅지 위에 그거 새 노트북이지?

Is that a new laptop on your lap?

Chapter 30

나 상 탔어

I won a prize.

prize

나 상품을 탔어.

> **prize**

★ 상품 (현금, 자동차, 티켓 등)
★ 경쟁에서 승리한 사람에게 주는 것

I won an award.

award

나 상을 탔어.

> **award**

★ 상 (증명서, 메달, 트로피 등)
★ 성과를 내거나, 존경받는 사람에게
주는 것

prize : 상품

시합에 나갈지 말지 고민이야. 우승자 상이 뭐야?

What's the winner's prize?

여기 나가봐. 시 대회 상금이 1만 달러야.

The prize for the poetry competition is ten thousand dollars.

상 받았대? 그녀는 라이벌과 1등상을 두고 경쟁했거든.

She competed with her rival for first prize.

award : 상

내 곡이 히트를 쳤어. 나 내 음악으로 상 받았어.

I got an award for my music.

그녀는 아카데미 여우주연상을 받았어.

She won the Academy Award for Best Actress.

그를 고용하세요. 그는 우수한 교육자로 많은 상을 받았어요.

He received many awards for excellence in teaching.

Chapter 31

나 천국에 있는 거 같아

I feel like I am in heaven.

나 천국에 있는 기분이야.

heaven

★ 천국
★ 행복한 느낌, 모습 등을 묘사할 때 사용

I feel like I am in paradise.

나 지상 낙원에 있는 거 같아.

paradise

★ 지상 낙원
★ 굉장히 멋진 장소를 칭찬할 때 사용
★ heaven과 달리 실제로 갈 수 있는 곳

heaven : 천국, 기분 강조

어제 왜 그랬냐 하면 나 그 소식 듣고 기분이 끝내줬거든.

I was in heaven at the news.

나도 이 향수 뿌릴래. 이거 냄새가 너무 좋은 것 같아.

I think it smells like heaven.

기분을 묘사하자면 그녀가 내 뺨에 키스할 때 천국 같아.

It's like heaven when she kisses me on my cheek.

 paradise : 지상 낙원, 장소 강조

작년에 나 하와이에 일주일 있었거든. 지상 낙원이었어.

I spent a week in Hawaii. It was paradise.

여기 없는 게 없어. 이 가게는 나한테 지상 낙원이야.

This store is paradise to me.

미국으로 가. 캘리포니아는 서퍼들에게 지상 낙원이지.

California is paradise for surfers.

Chapter 32

그는 그냥 어린아이야

He is only a child.

그는 그냥 어린아이야.

child

★ 어린아이
★ 대략 젖먹이 이후에서 사춘기 전

He is a nice kid.

그는 참 좋은 녀석이야.

kid

★ 애, 꼬맹이, 녀석
★ 대략 젖먹이 이후에서 성인 전
★ 귀엽고 친근하게 지칭할 때

child : 어린아이

난 작가예요. 난 어린아이들 책을 써요.

I'm writing a book for young children.

신경 써주세요. 이 아이에게는 엄청난 재능이 있어요.

This child has a wonderful gift.

많이 컸네. 아이들은 정말 빨리 자라.

Children grow so quickly.

 kid : 애, 녀석, 친근하게 지칭할 때

성숙해 보이지만 그는 아직 애야.

He's just a kid.

저한테 왜 이러세요. 저는 더 이상 애가 아니라고요.

I'm not a kid anymore.

이거 무슨 소리니? 저 녀석한테 조용히 하라고 해.

Tell that kid to stop making so much noise.

Chapter 33

나 수업 있었어

class

I had a class.

나 단체 수업 있었어.

`class`

★ 단체 수업
★ 선생님이 여러 학생을 가르칠 때 사용

lesson

I had a lesson.

나 개인 수업 있었어.

`lesson`

★ 개인 수업
★ 선생님이 한 학생을 가르칠 때 사용

 **class** : 단체 수업

이젠 여유로워. 나 이번 학기에 수업 두 개 들어.

I'm taking two classes this semester.

작년엔 바빴어요. 저는 30명 반을 가르쳤거든요.

I taught a class of thirty students.

관리 잘해. 소수의 시끄러운 학생들이 수업을 망칠 수 있어.

A few noisy students can ruin a class.

 **lesson** : 개인 수업

아마 바쁘실 거야. 선생님은 시간 있을 때 개인 수업을 하시거든.

The teacher gives private lessons in her free time.

TV 보다가 나 노래 개인 레슨에 늦었어.

I was late for my singing lesson.

너무 떨려요. 이게 저의 첫 번째 첼로 개인 레슨이에요.

This is my first cello lesson.

Chapter 34

나 보너스 받았어

I got a bonus.

bonus

나 보너스 받았어.

`bonus`

★ 현금 보상
★ 과거 성과에 대한 보상

I got an incentive.

incentive

그거 내 장려책이야.

`incentive`

★ 장려책
★ 미래 목표 달성을 위한 장려 수단
★ 주식(현금성), 의료혜택(비현금성) 등

bonus : 현금 보상

기분 좋겠다. 직원들이 크리스마스 보너스 받았거든.

The staff got a Christmas bonus.

업무 성과에 따라 1년에 한 번 보너스를 받을 것입니다.

You'll get a bonus once a year.

그동안 고생했잖아. 우리는 보너스 받을 자격이 있어.

We deserve to get a bonus.

 incentive : 장려책

동기부여돼. 우리 회사는 장려책으로 여행을 시켜줘.

My company offers a trip as an incentive.

직원들 사기를 위해 사장님이 새로운 장려 프로그램을 발표하셨어.

My boss announced a new incentive program.

현금 또는 주식 등 여러 종류의 장려책이 있습니다.

There're different types of incentives, cash or stock etc.

Chapter 35

나 그 광고 봤어

I saw the advertisement.

나 그 지면 광고 봤어.

advertisement

★ 지면 광고 + 영상 광고
★ 신문, 잡지, 프린트, 메일 등
★ 짧게 ad로 줄여 쓰기도 함

advertisement

I watched the commercial.

나 그 영상 광고 봤어.

commercial

★ 영상 광고
★ TV, 전광판, 키오스크, 인터넷 등

commercial

★ ★ ★
practice

 advertisement : 지면 광고 + 영상 광고

내가 말한 시계 있잖아. 나 잡지에서 그 광고 봤어.

I saw the advertisement in a magazine.

더 많은 홍보를 위해 나 신문에 광고 냈어.

I put an advertisement in a newspaper.

여보세요. 신문에서 광고 보고 전화 드립니다.

I'm calling about your advertisement in a newspaper.

 commercial : 영상 광고

채널 고정하세요. 광고 후에 돌아오겠습니다.

We'll be right back after the commercial.

예전과 달리 TV에 광고가 너무 많아.

There're too many commercials on TV.

TV 볼 때 난 광고를 건너뛸 수 있었으면 좋겠어.

I wish I could skip the commercials.

명사

189

Chapter 36

나 옷 샀어

I bought clothes.

나 옷 샀어.

clothes

★ 옷
★ 치마, 바지, 재킷 등 개별적인 옷

I bought summer clothing.

나 여름 옷 샀어.

clothing

★ 옷의 종류
★ 치마류, 바지류, 재킷류 등 옷 종류 전체

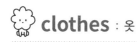 **clothes** : 옷

난 집 도착하면 옷 갈아입어. 너도 그러니?

I change my clothes when I get home.

우리 다시 나가자. 옷 다시 입을래?

Why don't you put your clothes back on?

생각보다 쉬워. 다른 사람 옷 칭찬하는 법 알려줄게.

I'll teach you how to comment on
somebody's clothes.

 **clothing** : 옷의 종류

거기 가보자. 그들은 의류, 신발, 액세서리를 팔아.

They sell clothing, shoes, and accessories.

행복하려면 의식주가 중요하지.

Food, clothing, and shelter are important.

의무사항입니다. 실험실 종사자들은 방호복을 입어야 합니다.

Lab workers must wear protective clothing.

Chapter 37

나 계단에 있어

I am on the stairs.

stairs

나 계단에 있어.

stairs

★ 계단 전체
★ 층과 층 사이의 계단
★ 주로 복수로 사용

I sat on the step.

step

나 그 계단에 앉았어.

step

★ 계단 한 칸
★ step이 모여서 stairs가 됨

stairs : 계단 전체

엘리베이터 고장 났어. 계단으로 가자.

Let's take the stairs.

부장님 오셨어. 나 계단 올라가면서 그를 만났어.

I met him on the stairs as I was coming up.

명심하세요. 화재가 발생하면 계단을 사용하세요.

In case of a fire, use the stairs.

 step : 계단 한 칸

궁금해. 에펠 탑에 계단이 몇 개니?

How many steps are there in the Eiffel Tower?

사람이 많으니까 계단에 서지 마세요.

Don't stand on the step, please.

카페 분위기 좋아. 밖에 돌계단도 있어.

There're some stone steps outside.

Chapter 38

접시 좀 줄래?

Can you give me a plate?

접시 좀 줄래?

plate

★ 납작한 접시
★ 평평한 개인 접시

Can you give me an oven dish?

오븐 그릇 좀 줄래?

dish

★ 그릇
★ plate를 포함한 다양한 종류의 그릇

plate : 납작한 접시

부탁이 있는데 난 접시 두 개가 더 필요해.

I need two more plates.

설거지해야겠어. 더러운 접시들이 있어.

There're dirty plates.

좀 더 먹어. 너 개인 접시 어디 있니?

Where's your own plate?

 dish : 다양한 종류의 그릇

실례합니다. 비누 그릇이 어디 있나요?

Where's the soap dish?

설거지해줄래? 싱크대에 더러운 그릇들이 꽉 찼어.

The sink is full of dirty dishes.

밥 다 먹고 그들은 식기세척기에 그릇을 넣었어.

They put the dishes in the dishwasher.

Chapter 39

나 택배 받았어

I got a package.

나 큰 택배 받았어.

package

★ 큰 포장물
★ 상대적으로 큰 박스

I got a packet.

나 작은 택배 받았어.

packet

★ 작은 포장물
★ 상대적으로 작은 사이즈
★ 봉지, 갑, 곽, 통 등

package : 큰 포장물

무거웠을 거야. 책 30권을 큰 상자 하나로 보냈거든.

I sent thirty books in one big package.

무겁네. 상자 드는 거 도와줄 수 있니?

Can you help me lift the package?

걱정 마. 편의점에서도 택배를 가져갈 수 있어.

You can also pick up the package at a convenience store.

 packet : 작은 포장물

게임 시작하자. 카드 한 곽 열어줄래?

Can you open a packet of cards?

조카 만나기 전에 조카를 위해서 사탕 한 봉지 샀어.

I bought a packet of sweets for my nephew.

프린터 종이가 다 떨어졌네. 종이 한 박스 뜯어야겠다.

I need to open a packet of papers.

Chapter 40

나 숙제 있어

I have homework.

나 숙제 있어.

homework

★ 숙제
★ 집(home)에서 하는 일(work)
★ classwork의 반대되는 개념
★ 주로 초등·중등 과정에서 사용

I have an assignment.

나 과제 있어.

assignment

★ 과제, 임무
★ 대학이나 회사에서 사용

homework : 숙제

지금 못 나가. 나 침대에 누워서 숙제하고 있어.

I'm lying on my bed doing my homework.

엄마랑 약속했잖아. 숙제 끝내고 저녁 먹는 거야, 알겠지?

Finish your homework then we have
dinner, alright?

숙제 다 못 했어. 숙제하다가 잠들었거든.

I fell asleep while I was doing my
homework.

 assignment : 과제, 임무

교수님 말씀을 놓쳤어. 오늘 역사 과제가 뭐야?

What's today's assignment in history?

선배님이 물어보셨어. 과제 잘되어가니?

How's the assignment going?

어쩌지. 팀장님이 나에게 힘든 과제를 주셨어.

My manager gave me a tough assignment.

Chapter 41

그는 요리사야

He is a professional chef.

그는 전문 요리사야.

chef

★ 전문 요리사
★ 학위, 자격증을 소지하고 전문적으로
  요리하는 사람

He is a home cook.

그는 그냥 요리사야.

cook

★ 요리사, 주방장
★ 누구든지 요리하는 사람

chef : 전문 요리사

한국에 없어. 그는 런던 호텔 전문 요리사로 취직했거든.

He took a job as a chef in a London hotel.

맛있게 드세요. 상을 받은 요리사가 만든 요리입니다.

This dish was created by our award-winning chef.

맛집 가고 싶어요. 서울에 유명한 요리사가 하는 식당 어디 있나요?

Where're celebrity chef restaurants in Seoul?

 cook : 요리하는 사람

우리 엄마는 요리를 잘해.

My mom is a good cook.

진짜 맛있다. 누가 만든 거야?

Who's the cook?

결론 내기 힘들다. 사공이 너무 많아(부엌에 요리사가 많아).

There're too many cooks in the kitchen.

Chapter 42

나 방 한가운데 있어

I am in the center of the room.

나 방 한가운데 있어.

center

★ 공간, 거리, 위치 개념
★ 물체의 가운데 부분

I am in the middle of talking.

나 얘기 중이야.

middle

★ 시간 개념
★ 기간의 가운데 부분

center : 물체의 가운데

문서 작업할 때 제목이 페이지 중앙에 있어야 해.

The title should be at the center of the page.

단팥빵 먹을 때 난 빵 가운데 먹는 걸 좋아해.

I love to eat the center of the bread.

가족 공간이 중요해서 거실은 집의 가운데 있어.

The family room is in the center of the house.

 middle : 시간의 가운데

전화 못 받아요. 저 지금 직원 회의 중이에요.

I'm in the middle of a staff meeting now.

말 시키지 마. 나 지금 뭐 하고 있어.

I'm in the middle of something here.

시험 어쩌지. 나 강의 중에 잠들었어.

I fell asleep in the middle of the lecture.

Chapter 43

한 장 줘봐

Give me the page.

종이 한 장 줘봐.

`page`

★ 종이
★ 책, 잡지 등의 한 면

Give me the sheet.

시트 한 장 줘봐.

`sheet`

★ 얇고, 평평하고, 직사각형 모양의 물건
★ 종이, 침대 시트, 금속, 플라스틱 등

page : 얇은 종이 한 장

다 읽었으면 다음 장으로 넘기세요.

Please turn to the next page.

오늘 아침 신문 봤는데 나 너 1면에서 봤어.

I saw you on the front page.

책을 빌려왔는데 마지막 장이 없어.

The last page is missing.

 sheet : 직물, 금속, 플라스틱 한 장

편지 써야겠다. 종이 한 장이 필요해.

I need a sheet of paper.

시험이 끝나고 그는 답안지를 제출했어.

He handed in his answer sheet.

이 로봇을 만들 때 강한 금속 한 판이 사용된다.

A strong sheet of metal is used.

Chapter 44

카펫 깔아줄래?

Can you spread the carpet?

카펫 깔아줄래?

carpet

★ 상대적으로 큰 사이즈
★ 바닥 전체를 덮는 직물

Can you spread the rug?

러그 깔아줄래?

rug

★ 상대적으로 작은 사이즈
★ 바닥의 일부를 덮는 직물
★ 작은 담요, 덮개, 바닥 깔개 등
★ 매트(mat)는 직물이 아님(예, 요가매트)

carpet : 바닥 전체에 까는 카펫

느낌이 따뜻해. 바닥에 아늑한 카펫이 깔려 있어.

The floor is covered with a cozy carpet.

인테리어 멋있어. 커튼이 카펫과 잘 어울려.

The curtains blend in with the carpet.

바닥이 차가워. 카펫을 깔아야 할까?

Should we install carpets?

rug : 바닥 일부에 까는 깔개

샤워한 후에 깔개에 발 닦으렴.

Wipe your feet on the rug.

의자가 바닥을 긁네. 테이블 밑에 양탄자 깔자.

Let's place a rug under the table.

한강에 가서 우리는 잔디 위에 담요를 펼쳤어.

We spread a rug on the grass.

Chapter 45

오류 찾았니?

Did you find an error?

오류 찾았니?

error

★ 기계, 프로그램, 계산 등 시스템
  오작동으로 발생하는 일

Did you make a mistake?

너 실수했니?

mistake

★ 실수
★ 말, 행동, 판단을 잘못해서 발생하는 일

error : 시스템 오류

윈도우10을 깔았는데 내 컴퓨터에 오류 났어.

My computer gave me an error.

로그인 했는데 비밀번호가 틀렸다는 오류 메시지를 받았어.

I received an error message saying that the password is incorrect.

다시 해봐. 네 계산에는 오류가 있어.

There's an error in your calculation.

 mistake : 행동의 실수

영어가 어렵긴 해도 넌 철자를 너무 많이 틀리네.

You make too many spelling mistakes.

대중 연설은 힘들어. 난 여전히 연설할 때 실수해.

I still make mistakes when I speak.

집값이 올랐어. 집을 팔기로 한 결정은 큰 실수였어.

My decision to sell the house was a big mistake.

Chapter 46

많은 생각들이 떠올라

Many thoughts come to mind.

많은 생각들이 떠올라.

> thought

★ 생각, 마음
★ 마음속에 저절로 떠오르는 생각

Many ideas come to mind.

많은 계획들이 떠올라.

> idea

★ 어떤 일을 해결하기 위한 구체적인
  계획, 발상, 방안 등
★ thought(생각)을 계속하면
  idea(계획)가 떠오름

thought : 생각

편안하게 해주었더니 그는 자유롭게 그의 생각들을 말했다.

He spoke his thoughts freely.

계속 듣기만 하셨는데 주제에 관한 당신의 생각을 들어보고 싶어요.

I'd like to hear your thoughts on the subject.

그는 트위터에 종종 자신의 생각을 표현해.

He often expresses his thoughts on Twitter.

idea : 구체적인 계획

새로운 사업을 할 거야. 내 생각은 빵집을 여는 거야.

My idea is to open a bakery.

행동으로 옮겨. 생각만 있고 실천하지 않으면 아무런 가치가 없단다.

A good idea without action is worth nothing.

놀랐지? 깜짝 파티는 그녀의 생각이었어.

The surprise party was her idea.

Chapter 47

그 장소로 가보자

place

Let's go to the place.

그 장소로 가보자.

place

★ 장소, 건물
★ 특정한 목적으로 사용되는 장소, 건물
★ 집, 식당, 회사, 클럽 등을 가리킴

---

area

Let's go to the area.

그 구역으로 가보자.

area

★ 구역, 공간
★ place의 한 부분. 좁은 의미의 면적
   또는 공간

place : 장소, 건물

우리도 여기서 점심 먹자. 연예인들은 항상 이 식당에서 먹어.

Celebrities eat at this place all the time.

우리 집엔 손님 계시니까 내가 너네 집으로 갈게.

I'll come to your place.

미국으로 여행 가자. 난 미국에서 방문하고 싶은 곳들이 많아.

There're so many places I want to visit in the U.S.

 area : 구역, 공간

저를 따라오세요. VIP를 위한 공간이 있습니다.

There's the area for VIP.

들어오시면 안 돼요. 여기는 제한 구역입니다.

This is a restricted area.

저기 가봐. 흡연 구역에서 Tom을 찾을 수 있어.

You can find Tom in the smoking area.

Chapter 48

나 돌을 던졌어

I threw the stone.

나 돌을 던졌어.

> stone

★ 돌
★ 한 손으로 들 수 있는 작은 돌덩이
★ 특별한 목적으로 다듬어진 돌덩이

stone

I climbed the rock.

나 바위를 올라갔어.

> rock

★ 바위
★ 혼자서 들 수 없을 정도로 큰 돌덩이

rock

stone : 돌

정말 예쁘지? 주방 조리대는 돌로 만들어졌어.

The kitchen counter is made of stone.

병원 가야 해. 나 돌에 걸려 넘어졌어.

I tripped over a stone.

아름답지? 루비는 보석의 한 종류야.

Ruby is a type of precious stone.

 rock : 바위

빠른 이동을 위해서 그들은 바위를 뚫어서 터널을 만들었다.

They made a tunnel through the rock.

산에서 도망가다 그는 큰 바위 뒤에 몸을 숨겼어.

He hid himself behind a large rock.

우린 다른 길로 왔어. 그 길이 떨어진 바위로 막혔었거든.

The road was blocked by fallen rocks.

Chapter 49

파티에 여성들이 많아

There are many women at this party.

파티에 여성들이 많아.

woman

★ 여성
★ 남성에 반대되는 의미

There are many female cats here.

여기에 암컷 고양이들이 많아.

female

★ 암컷
★ 생물학적, 의학적, 과학적으로
　성을 구별할 때의 여자

woman : 여성

뉴스에 따르면 일하는 여성들의 수가 증가하고 있어.

The number of working women is increasing.

이유는 모르겠지만 여성들이 남성들보다 오래 산다고 하더라.

It's said that women live longer than men.

우리 이러지 말고 여성의 권리에 대해 토론을 해보면 어때?

How about holding a debate on women's rights?

female : 암컷

예쁘지? 우리 강아지는 암컷이야.

My dog is a female.

교수님, 남자와 여자의 뇌는 정말 다른가요?

Are male and female brains really different?

잘 지켜봐. 암컷은 부화할 때까지 알을 품어.

The female sits on the eggs until they hatch.

Chapter 50

배 타고 가자

Let's go by boat.

작은 배 타고 가자.

boat

★ 작은 배
★ 주로 호수나 강에서 단거리로 타는 배
★ 카누, 카약, 세일 보트, 페달 보트 등

Let's go by ship.

큰 배 타고 가자.

ship

★ 큰 배
★ 주로 깊은 바다에서 장거리로 타는 배
★ 군함, 선박, 화물선 등

boat : 작은 배

재밌겠다. 그들은 작은 배에서 낚시하고 있어.

They're fishing on the tiny boat.

얘들아, 놀라지 마. 나 여름 휴가를 위해서 보트 샀어.

I bought a boat for summer vacation.

궁금해. 보트 소유하려면 비용이 얼마나 드니?

How much does it cost to own a boat?

ship : 큰 배, 선박

이번 휴가 때 난 배 타고 하와이 갈 거야.

I'm going to Hawaii by ship.

영화 보고 궁금해졌는데 타이타닉보다 더 큰 배가 있어?

Is there a ship bigger than the Titanic?

보낼 물건이 많은데 저 배는 화물을 많이 나르나요?

Does that ship carry much cargo?

명사

미묘한
느낌 차이

형용사·부사

60

Chapter 07

나 스몰 커피를 샀어

small

I bought a small coffee.

나 스몰(작은) 커피를 샀어.

small

★ 외형적인 크기나 규모의 작음
★ 물건, 도시, 집 등의 크기

---

little

I spilld a little coffee.

나 커피를 조금 쏟았어.

little

★ 분량 또는 정도의 적음
★ 물, 돈, 음식의 분량
★ 느낌, 판단의 정도

small : 외형이 작은

경기가 안 좋아서 많은 소기업들이 파산했어.

Many small companies went bankrupt.

기분 좋게 하려고 난 작은 선물로 친구를 놀라게 했어.

I surprised my friend with a small gift.

취직을 축하하려고 난 지난주에 소규모 저녁 파티를 열었어.

I had a small dinner party last weekend.

little : 양이 적은

장보러 가야지. 우유가 조금밖에 안 남았어.

There's only a little milk left.

난 메리가 조금 이상한 거 같아. 넌 어때?

I think Mary is a little weird.

신발 바꿔 신을래. 이 신발 조금 헐거워.

These shoes are a little loose.

Chapter 02

나 점심을 다 먹었어

I ate all my lunch.

점심을 다 먹었어.

all

★ 전체를 강조
★ 집단 전체를 하나의 덩어리로 보는 느낌
★ all + 복수 명사

I loved every bite.

한 입 한 입이 모두 맛있었어.

every

★ 개체를 강조
★ 집단에 속한 하나하나 개체를 강조한
  느낌
★ every + 단수 명사

all : 전체, 모두

다들 기혼이야. 동호회 모든 여성들은 애가 있어.

All the women in this club have children.

몽땅 버려야겠어. 달걀이 다 썩었어.

All the eggs went bad.

기숙사에서 난 모든 규칙을 따랐어.

I followed all the rules.

 every : 하나하나 전부

꼼꼼하게 봐. 이 사전의 단어 하나하나 모두 중요해.

Every word in this dictionary is important.

걱정 마세요. 학생 한 명 한 명이 모두 그 사실을 알아요.

Every student in the class knows the fact.

관리 잘했지? 우리는 매주 일요일마다 대청소 해.

Every Sunday we clean the whole house.

Chapter 03

그는 키가 2미터야

He is 2 meters tall.

그는 키가 2미터야.

`tall`

★ 키 개념
★ 주로 생명체의 키에 사용

The clock is 2 meters high.

시계는 2미터 높이에 있어.

`high`

★ 높이 개념
★ 주로 무생물의 위치를 가리킴

tall : 키가 큰

너도 조심해. 키 큰 사람들은 종종 허리 통증이 있어.

Tall people often get backaches.

그거 알아? 기린이 세상에서 가장 키 큰 동물이야.

Giraffes are the tallest animals in the world.

분위기 바꿔보려고 난 실내에서 키우는 키 큰 식물 사고 싶어.

I want to buy tall indoor plants.

 high : 높이가 높은

전기 스위치가 아이들에게 너무 높아. 다시 달자.

The light switch is too high for children.

발이 아프지만 많은 여성들이 하이힐을 신어.

Many women wear high heels.

조명 달기 충분해. 천장은 10피트야.

The ceiling measures ten feet high.

Chapter 04

그녀는 매우 친절해

She is so kind.

그녀는 매우 **친절해.**

so

★ 매우, 굉장히
★ 긍정적인 느낌
★ very와 같이 정도를 강조할 때 사용

She is too kind.

그녀는 지나치게 **친절해.**

too

★ 너무, 지나친
★ 부정적인 느낌
★ 필요 이상으로 과한 느낌

SO : 매우, 굉장히

정말 고마워. 이거 굉장히 로맨틱하다.

This is so romantic.

부럽다. 어떻게 그렇게 긍정적일 수가 있어?

How can you be so optimistic?

이제 문제없어. 난 일이 굉장히 잘되어서 기뻐.

I'm glad things went so well.

 too : 너무, 지나친

다른 길로 가자. 차가 다니기에 길이 너무 좁아.

The road is too narrow for cars.

스트레스 받아. 우리 엄마는 걱정이 너무 많은 것 같아.

I think my mom worries too much.

자료 다 봤어? 난 너무 지루하지 않았으면 좋겠네.

I hope it wasn't too boring.

Chapter 05

와, 배달이 빠르네!

What a quick delivery!

와, 배달이 빠르네!

quick

★ 시간이 빠른
★ 긴(long)의 반대 개념
★ 짧은 시간에 지체 없이 이루어지는 의사
  결정 등을 강조

What a fast car!

와, 차가 빠르네!

fast

★ 동작이 빠른
★ 느린(slow)의 반대 개념
★ 빨리 움직이는 사람·사물의 움직임을
  강조

quick : 시간이 빠른

이거 급한 거야. 넌 신속한 결정을 내려야 해.

You have to make a quick decision.

미팅 때문에 나 점심을 빨리 먹었어.

I had a quick lunch.

공부해야 돼서 나 샤워를 빨리 했어.

I took a quick shower.

fast : 동작이 빠른

난 타수가 느려. 그녀는 타이핑이 굉장히 빨라.

She's a very fast typist.

자꾸 그러지 마. 난 내가 말이 빠른 거 알아.

I know I talk fast.

어쩌지? 그녀를 볼 때마다 심장이 빨리 뛰어.

My heart beats fast each time I see her.

Chapter 06

나 외로워

I am lonely.

나 외로워.

lonely

★ 외로운
★ 마음이 외로운 상태

lonely

I am alone.

나 혼자 있어.

alone

★ 혼자인
★ 존재가 혼자인 상태
★ 외로움을 느낄 수도 있고 아닐 수도
  있음

alone

lonely : 외로운

연애해야겠어. 난 더 이상 외로움을 느끼고 싶지 않아.

I don't want to be lonely anymore.

노부부가 50년을 살았는데 그들은 자식 없이 외로우셨어.

They were lonely without children.

걱정 마. 난 혼자 있지만 외롭지는 않아.

I'm alone but not lonely.

 alone : 혼자인

협업보다는 난 혼자 일하는 것을 선호해.

I prefer working alone.

바람맞았어. 난 레스토랑에서 혼자 앉아 있었어.

I was sitting all alone at a restaurant.

그 일을 겪은 후 그녀는 세상에 혼자라고 느꼈다.

She felt all alone in the world.

길에 차가 없어

There is no car on the street.

길에 차가 없어. (관사X)

no

★ no + 명사
★ no와 명사 사이에 관사가 올 수 없음

There is not a car on the street.

길에 차가 없어. (관사O)

not

★ not + a/an/the(관사) + 명사
★ not과 명사 사이에는 관사가 필요

no : no + 명사

더 기다려. 아무 결정도 내려지지 않았어.

No decisions have been made.

아쉽게도 오늘은 당신께 아무런 소식이 없네요.

There is no news for you today.

다른 책 보자. 이 책은 정보가 없네.

This book has no information.

 not : not + a/an/the + 명사

나이 핑계 대지 마. 배움에 있어서 나이는 문제되지 않아.

Age is not an issue when it comes to learning.

사업해요. 저는 회사원이 아니에요.

I'm not an office worker.

제대로 알아야 해. 의도했던 거야. 사고가 아니었다고.

I did it on purpose. It was not an accident.

Chapter 08

2시간 전에 먹었어

ago

I ate 2 hours ago.

나 2시간 전에 먹었어.

> **ago**

★ 시간 + ago
★ 지금을 기준으로 시간을 계산
★ 2 hours ago (지금부터 2시간 전)

before

I will eat before 2.

나 2시 전에 먹을 거야.

> **before**

★ before + 기준 시점
★ 기준점으로부터 시간을 계산
★ before 2 (2시를 기준으로 그전에)

★ ★ ★

practice

 ago : 지금부터 ○○ 전에

참 오래됐네. 이 사진은 20년 전에 찍은 거야.

This photo was taken twenty years ago.

아직 괜찮아. 나 운전 면허증 2년 전에 갱신했어.

I renewed my driver's license two years ago.

갑자기 왜 저래? 며칠 전 그는 나와 이야기하고 싶어 하지 않았거든.

A few days ago, he didn't want to talk to me.

 before : ○○ 전에

서둘러야 해. 월요일 전에 할 수 있을까?

Can we do it before Monday?

컨디션 좋아. 그는 아침식사 전에 산책을 했거든.

He took a walk before breakfast.

부탁이 있어. 떠나기 전에 나한테 전화해줄래?

Can you call me before you leave?

Chapter 09

이 가죽은 부드러워

This leather is smooth.

이 가죽은 부드러워.

smooth

★ 표면을 강조
★ 울퉁불퉁하지 않고 표면이 매끄럽고
　 평평함

This cushion is soft.

이 쿠션은 촉감이 부드러워.

soft

★ 촉감을 강조
★ 딱딱하지 않고 말랑말랑, 푹신푹신함

smooth : 표면이 매끄럽고 평평함

만져봐. 그가 사포로 나무 표면을 부드럽게 만들었어.

He made the wooden surface smooth with sandpaper.

이거 비싼 차야. 난 매끄러운 도로에서만 운전할 수 있어.

I can only drive on a smooth road.

평온하다. 바다 표면이 유리처럼 잔잔하네.

The sea was as smooth as glass.

 soft : 촉감이 말랑말랑하고 푹신함

요리하자. 부드러운 버터 필요해? 딱딱한 버터가 필요해?

Do you need soft butter or hard butter?

이가 안 좋으셔서 우리 할머니는 부드러운 음식만 드셔.

My grandma can only eat soft food.

딱딱한 거 말고 난 매일 소프트 아이스크림 먹어.

I eat soft ice cream every day.

Chapter 10

부엌이 깨끗해

The kitchen is clean.

부엌이 깨끗해.

clean

★ 깨끗한, 청결한
★ 물건이 정돈되고 먼지와 얼룩을
   제거한 상태

The sky is clear.

하늘이 맑아.

clear

★ 맑은
★ 투명하게 비치는 상태

clean : 깨끗한, 청결한

부탁이 있어. 깨끗한 접시 가져와.

Bring me a clean plate.

5성급은 좋더라. 호텔 방이 매우 깨끗했어.

The hotel room was very clean.

요리하기 전 넌 항상 손을 청결하게 유지해야 해.

You must always keep your hands clean.

 clear : 맑은, 투명한

잔이 예쁘다. 이 와인 잔은 굉장히 투명해.

This wine glass is very clear.

비교하자면 소주는 맑은데 맥주는 맑지 않아.

소주 is clear but beer is not clear.

피부 관리한다니까. 난 피부가 맑아.

I have clear skin.

Chapter 11

나 전기 차 샀어

I bought an electric car.

나 전기 차 샀어.

`electric`

★ 전기의 (TV, 냉장고 등)
★ 전기 코드를 꽂아 전원을 연결하는 원리

I bought an electronic calculator.

나 전자 계산기 샀어.

`electronic`

★ 전자의 (계산기, 손목시계 등)
★ 전자 칩의 원리를 이용
★ e-mail, 전자 결제 등 인터넷을 이용

242

electric : 전원을 연결하는 전기

좀 춥네. 전기 히터 전원 좀 꽂아줄래?

Can you plug in the electric heater?

에어컨은 비싸고 난 여름에 선풍기를 사용해.

I use an electric fan in summer.

우리 밴드 만들자. 난 전기 기타를 칠 수 있어.

I can play an electric guitar.

 electronic : 전기 원리를 사용하는 전자제품

이북은 전자 책을 의미해.

E-book means an electronic book.

앱으로 예매하자. 전자 티케팅은 정말 편리하거든.

Electronic ticketing is very convenient.

할머니도 쓰세요. 전자 뱅킹은 안전하고, 빠르고, 효율적이에요.

Electronic banking is safe, fast and efficient.

Chapter 12

이게 마지막 버스야

This is the last bus.

last

이게 마지막 버스야.

last

★ 마지막 순서를 강조
★ 여러 개 중에서 가장 마지막의

This is the final decision.

final

이게 최종 결정이야.

final

★ 최종의 결과를 강조
★ 과정상 최종적으로 평가되는 것
★ 결승전, 기말고사 등

last : 순서상 마지막의

학생 여러분, 마지막 문장을 읽을 수 있나요?

Can you read the last sentence?

한 해가 또 가는구나. 12월은 한 해의 마지막 달이야.

December is the last month of the year.

다이어트하니? 너 마지막으로 먹은 게 언제야?

When was the last time you ate?

 final : 과정상 최종의

더 이상은 안 돼. 이게 나의 최종 제안이야.

This is my final offer.

지켜보자. 최종 결과가 어떨지 나도 모르겠다.

I don't know what the final outcome will be.

충분히 고민 한 후 최종 답을 적어봐.

Write your final answer.

Chapter 13

그녀는 매우 날씬해

She is very slim.

그녀는 매우 날씬해.

slim

★ 날씬한
★ 긍정적인 느낌, 칭찬

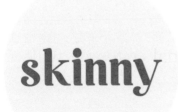

She is too skinny.

그녀는 깡말랐어.

skinny

★ 깡마른
★ 부정적인 느낌

slim : 날씬한

패션쇼 갔었는데 그 모델은 몸매가 날씬했어.

The model had a very slim figure.

방법을 알려줘? 날씬해지고 싶다면 이 식단을 따라해봐.

If you want to be slim, follow this diet.

많이 먹는데 그는 어떻게 날씬한 몸매를 유지한대?

How does he manage to stay so slim?

skinny : 깡마른

비현실적이야. 어떤 슈퍼모델들은 굉장히 말랐어.

Some supermodels are far too skinny.

키가 큰데 그녀는 다리가 깡말랐어.

She had skinny legs.

도와줘. 왜 우리 고양이는 깡마르는 거지?

Why is my cat getting so skinny?

Chapter 14

언제 한번 점심 먹어

Let's have lunch sometime.

언제 한번 점심 먹어요.

sometime

★ 언젠가
★ 과거나 미래의 막연한 시점

I overeat sometimes.

나 가끔씩 과식해.

sometimes

★ 가끔씩
★ 횟수나 빈도를 나타냄

sometime : 언젠가

연락해. 언제 한번 보자.

Let's get together sometime.

장담할 순 없지만 언젠가 어디선가 그 일이 일어날 거야.

It will happen sometime and somewhere.

이번엔 진짜야. 5월 언젠가 휴가 갈 거야.

I'll take a vacation sometime in May.

 ## sometimes : 가끔씩

그거 아니? 가끔씩 네가 이상해.

You're strange sometimes.

너도 그런 경험 있니? 상상은 가끔씩 현실보다 더 생생해.

Imagination is sometimes more vivid than reality.

외로움이 느껴질 땐 가끔씩 난 그냥 대화할 상대가 필요해.

Sometimes I just need someone to talk to.

Chapter 15

나 도움이 조금 필요해

I need a little help.

나 도움이 조금 필요해.

a little

a little

★ 조금, 약간(양)
★ 공기, 액체 등 셀 수 없을 때 사용

I have a few questions.

나 질문이 몇 개 있어.

a few

a few

★ 조금, 약간(수)
★ 물건, 사람 등 셀 수 있을 때 사용

a little : 양이 조금

간이 안 맞네. 너 소금 좀 더 넣어야겠다.

You need to put in a little more salt.

나 먼저 갈게. 숙제 끝낼 시간이 조금밖에 안 남았거든.

There's a little time left to finish my homework.

지금은 어때? 기분이 좀 나아졌니?

Feeling a little better?

 a few : 수가 조금

다행이야. 그녀는 좋은 친구들이 좀 있어서 행복해.

She has a few good friends so she is happy.

출장 때문에 그는 가방에 몇 가지 물건들을 넣었어.

He packed a few things into a bag.

모두를 사랑하고, 소수만 믿고, 누구에게도 거짓되지 마라.

Love all, trust a few, be false to none.

Chapter 16

바나나는 잘 익었어

Bananas are ripe.

바나나는 잘 익었어.

ripe

★ 익은, 숙성된
★ 주로 과일, 곡물 등 음식에 사용
★ 수확할 준비가 된 다 자란 것

She is mature.

그녀는 성숙해.

mature

★ 성숙한
★ 주로 사람에게 사용
★ 외모, 행동, 생각이 성숙한 것

ripe : 잘 익은, 잘 숙성된

기다려보자. 과일이 익으면 나무에서 떨어지잖아.

When the fruits are ripe, they fall from the trees.

망고는 맛있어. 망고는 익든 안 익든 모두 인기 있지.

Mango is a popular fruit, both ripe and unripe.

다른 걸로 사자. 이 토마토들은 아직 안 익었네.

These tomatoes aren't ripe yet.

 mature : 성숙한

대화를 나눠보면 그녀는 나이에 비해 성숙해.

She's mature for her age.

화장 때문에 그녀는 클럽에 입장하기에 충분히 성숙해 보였어.

She looked mature enough to get in the club.

어른만 갑시다. 아이들은 강의를 다 듣기에 성숙하지 못해요.

Children aren't mature enough to sit through a lecture.

Chapter 17

그는 아이 같아

He is childlike.

그는 아이 같아. (긍정적)

childlike

★ 아이 같은, 아이같이 순수한
★ 긍정적 느낌

He is childish.

그는 유치해. (부정적)

childish

★ 유치한, 수준이 낮거나 미숙한
★ 부정적 느낌

childlike : 아이같이 순수한

신기했나 봐. 그가 어린아이 같은 눈으로 나를 봤어.

He looked at me with childlike eyes.

들어봤어? 그녀의 목소리는 신선하고 아이 같아.

Her voice was fresh and childlike.

정말 동안이더라. 그녀는 얼굴이 아이 같았어.

She had a childlike face.

 childish : 유치한

죄송하지만 그건 좀 유치한 거 같아요.

I think that is a little childish.

부끄러워. 네 그림 옆에서 내 그림이 유치해 보여.

My painting looks childish beside yours.

그냥 무시해. 우리는 그의 유치한 행동에 지쳤어.

We're all tired of his childish behavior.

Chapter 18

난 내성적이야

I am shy around people.

난 내성적이야.

> shy

★ 수줍은
★ 사람들 앞에서 숫기가 없음
★ 타고난 성격

I am ashamed of my mistake.

난 내 실수가 창피해.

> ashamed

★ 창피한
★ 부끄럽고 수치를 느낌
★ 실수한, 잘못한 행동

★ ★ ★
practice

 shy : 수줍은

기대하지 마. 그는 부끄러워서 여자한테 말도 못 걸어.

He's too shy to talk to girls.

흥미롭네. 수줍은 학생들은 종종 성적이 낮아.

Shy students often receive lower grades.

연습으로 극복해. 사람들 앞에서 연설하는 거 부끄러워하지 마.

Don't be shy about speaking in front of people.

 ashamed : 창피한

그런 잘못을 해놓고 너는 스스로 부끄럽지도 않니?

Aren't you ashamed of yourself?

기억하기도 싫어. 나 실수했을 때 창피했어.

I was ashamed when I made a mistake.

그런 사람을 만나다니 난 내 인간관계가 부끄럽네.

I feel ashamed of my relationship.

Chapter 19

내 코는 납작해

My nose is flat.

내 코는 납작해.

flat

★ 평평한
★ 높낮이가 일정하고 모양이 납작한 상태

flat

The light is even.

불빛이 고르네.

even

★ 고른
★ 배열이 고른 상태
★ 높낮이, 크기, 양, 속도 등이 균일한 상태

even

flat : 높낮이가 평평한

운동을 좋아해서 그녀는 뱃살이 없어.

She has a flat stomach.

걱정하지 마. 우리는 평평한 땅에 집을 지었어.

We built a house on a flat ground.

오래전에 사람들은 지구가 평평하다고 믿었지.

People believed that the earth was flat.

 even : 배열이 고른

웃을 때 예뻐. 그녀는 치아가 고르거든.

She has even teeth.

색감이 좋아. 이 사진은 색이 한결같이 고르네.

This picture has an even color.

어려워. 난 한결같이 고른 템포로 연주할 수 없어.

I can't play at an even tempo.

Chapter 20

그게 힘드니?

Is it hard?

그게 힘드니?

hard

★ 힘든
★ 정신적, 심적, 육체적으로 힘든 경험
★ 마음 고생과 같은 느낌

Is it difficult?

그게 어렵니?

difficult

★ 어려운
★ 많은 노력, 기술과 지식을 필요로 하는 경험
★ 시험 문제가 어려운 느낌

hard : 마음이 힘든

30년을 함께 살아서 이혼은 그들에게 힘들었어.

The divorce was hard on them.

너는 잘 지내? 난 유행병 때문에 힘든 시간을 보내고 있어.

I'm having a hard time dealing with the pandemic.

너 혼자 해. 난 마라톤은 힘들 것 같아.

I think the marathon will be hard.

 difficult : 문제가 어려운

컴퓨터가 또 말썽이야. 컴퓨터 고치는 거 어려울 거야.

Fixing the computer is going to be difficult.

오래 걸릴 거야. 뇌 수술은 어려워.

It's a difficult surgery on the brain.

필수 과목인데 어쩌지? 철학은 종종 어렵게 여겨지잖아.

Philosophy is often regarded as difficult.

Chapter 21

너 아프니?

Are you sick?

너 아프니? (가벼운 증상)

`sick`

★ 가벼운 질병
★ 몸살, 구토와 같이 일시적으로 아픈 증상

Are you ill?

너 아프니? (심각한 증상)

`ill`

★ 심각한 질병
★ 좀 더 심각하고, 장기적으로 앓아온 건강 상태
★ 치료나 입원이 필요한 질환을 겪는 상태

sick : 가벼운 병

일을 못 끝냈어. 나 이번 달에 병가를 10일 냈었거든.
I took ten sick days this month.

바다 낚시 가서 배가 그를 메스껍게 했다.
The boat made him sick.

어제 3차까지 가서 그녀는 술 때문에 속이 울렁거렸다.
She was sick from all the alcohol.

ill : 심각한 질병

안타깝게도 그녀는 매우 아팠고 최근에 돌아가셨어.
She was very ill and recently passed away.

전문 도움이 필요해. 그는 정신적으로 병든 것 같아.
He's believed to be mentally ill.

병문안 가야겠어. 그의 아버지가 병원에 계신데 위독하셔.
His father is seriously ill in hospital.

Chapter 22

똑똑한 생각이야

It is a clever idea.

똑똑한 생각이야.

> clever

★ 영리한, 기발한
★ 독창적이고 창조적인 생각을 칭찬할 때
  사용
★ 외모를 칭찬할 때 사용할 수 없음

It is a smart dog.

똑똑한 강아지야.

> smart

★ 똑똑한
★ 지식을 빠르게 습득함
★ 똑똑해 보이는 외모를 칭찬할 때도 사용

clever : 영리한

우와, 대단해! 이런 생각을 떠올리다니 정말 영리한걸!

How clever of you to think of this idea.

정말 편리해. 피자 가위는 기발한 발명품이야.

Pizza scissors are a clever invention.

아무도 생각 못 했어. 그 문제에 대한 그의 해결책은 기발해.

His solution to the problem is clever.

 smart : 똑똑한

시험이 어려웠지만 그 똑똑한 학생은 좋은 성적을 받았어.

The smart student got good grades.

안경 쓰니까 너 오늘 똑똑해 보인다.

You look very smart today.

걱정 마. 그는 뭘 해야 할지 알 정도로 충분히 똑똑하니까.

He's smart enough to know what to do.

Chapter 23

나한테 중요한 날이야

It is a big day for me.

나한테 중요한 날이야.

big

★ 정도, 중요도, 영향력, 힘의 크기, 정도가 클 때

It is a large shirt for me.

나한테 셔츠가 크네.

large

★ 사이즈, 크기, 면적, 규모가 클 때

big : 힘·정도가 큰

BTS 사랑해요. 난 당신의 광팬이에요.

I'm a big fan of yours.

1등이 20억이야. 복권 당첨은 엄청난 일이지.

Winning the lottery is a big deal.

톰 크루즈 알지? 그는 할리우드에서 유명한 사람이야.

He's a big name in Hollywood.

 large : 면적·크기가 큰

햄버거가 큰데 콜라 큰 사이즈로 드릴까요?

Would you like a large coke with that?

이걸로 살까? 셔츠는 그가 라지 입는 거 같아.

For shirts I think he's a large.

연설을 했는데 어젯밤에 많은 청중이 있었어.

I had a large audience last night.

Chapter 24

그는 다정하지 않니?

Isn't he sweet?

그는 다정하지 않니?

sweet

★ 다정한
★ 냄새, 소리, 모습 등이 따뜻한 느낌
★ 기분을 좋게 만드는 집, 꿈, 상황 등

Isn't he friendly?

그는 친절하지 않니?

friendly

★ 친절한, 상냥한
★ 행동이 따뜻하고 기분을 좋게 만드는
  느낌

sweet : 다정한

너도 들어봐. 그녀의 다정한 목소리가 좋지 않니?

Don't you love her sweet voice?

우리 사귀자. 난 너의 다정한 미소를 매일 보고 싶어.

I want to see your sweet smile every day.

불면증 없어. 난 잘 자고 좋은 꿈 꾸거든.

I get a good night's sleep and have sweet dreams.

 friendly : 친절한

이 식당 또 오자. 여기 웨이터들이 참 친절해.

The waiters here are so friendly.

해결했어. 친절한 이웃이 날 도와줬거든.

My friendly neighbor helped me.

학교 즐거워. 우리 반 모든 학생들이 친절하거든.

All the students in my class are friendly.

Chapter 25

내 침대는 넓어

wide

My bed is wide.

내 침대는 넓어.

wide

★ 좌우, 상하의 폭이 길고 넓은

broad

He has a broad view.

그는 식견이 넓어.

broad

★ 공간, 면적, 추상적 개념이 크고 넓은

wide : 좌우 · 상하가 넓은

너 혼자 도망가. 강이 넓어서 난 뛰어넘을 수가 없어.

The river is so wide I can't jump over it.

그들은 가로수가 있는 넓은 거리에 살아.

They live on a wide, tree-lined street.

냉장고 들어갈 수 있어. 출입구가 충분이 넓어.

The doorway is wide enough.

 broad : 공간 · 면적이 넓은

소개팅했어. 그는 키가 크고 어깨가 넓어.

He's tall with broad shoulders.

좋겠다. 너희 엄마는 마음이 넓으신 것 같아.

I think your mom is broad-minded.

준비할 게 많아. 토론 주제들이 굉장히 광범위하거든.

The discussion topics are very broad.

Chapter 26

건물 구조가 너무 복잡해

The building is so complex.

건물 구조가 너무 복잡해.

complex

★ 구조가 복잡할 때
★ 요소, 단계, 항목 등이 복잡할 때 사용
★ 단순한(simple)의 반대되는 개념

The situation is so complicated.

상황이 너무 복잡해.

complicated

★ 상황이 복잡할 때
★ 생각, 관계, 내용 등이 복잡할 때 사용
★ 쉬운(easy)의 반대되는 개념

complex : 구조가 복잡함

이 그림을 봐. 인간의 뇌구조는 복잡해.

The map of the human brain is complex.

조직도를 보시죠. 회사의 조직 구조가 복잡하거든요.

The company has a complex organizational structure.

전문가에게 맡겨. 엔진을 분해했다 다시 조립하는 것은 복잡해.

Taking apart the engine and putting it back together is complex.

 complicated : 상황이 복잡함

난 생각이 달라. 사랑은 복잡하지 않아.

Love isn't complicated.

괜히 껴들지 마. 그들의 관계는 복잡하거든.

They have a complicated relationship.

설명을 듣기는 했는데, 지시 사항이 너무 복잡했어.

The instructions were very complicated.

Chapter 27

그는 유명해

The criminal is famous.

그 범죄자는 유명해.

famous

★ 유명한, 잘 알려진
★ 많은 사람들에게 알려지고 언급되는 것
★ 사람들이 좋아할 수도 싫어할 수도 있음

famous

The teacher is popular.

그 선생님은 인기 있어.

popular

popular

★ 인기 있는, 사랑받는
★ 많은 사람들에게 사랑받는 것
★ 사람들이 즐기고 좋아하는 것

★ ★ ★
practice

 famous : 유명한, 잘 알려진

(사람들은) 종종 유명한 사람들을 싫어해. 모두에게 사랑받을 순 없지.

Famous people are sometimes disliked.

사람들이 유튜브 영상을 보고 나서 그는 유명해졌어. 사람들이 알아봐.

He became famous after people watched his YouTube videos.

예전에 말했지? 이 식당은 프랑스 요리로 잘 알려져 있어.

This restaurant is famous for its French cuisine.

 popular : 인기 있는, 사랑받는

새우는 인기 있는 해산물 종류예요. 수요가 많아요.

Shrimps are a popular type of seafood.

어느 시대든 청바지는 젊은이들 사이에서 인기 있어.

Jeans are popular among the young.

극장 가자. 이 영화는 인기 있는 소설을 바탕으로 만들어졌어.

This film is based on a popular novel.

형용사·부사

Chapter 28

이 자료는 가치 있어

This data is valuable.

이 자료는 가치 있어.

valuable

valuable

★ 금전·지식·기술 가치 등
★ 유용하고 도움이 되어주는 것

This ring is precious to me.

이 반지는 내게 소중해.

precious

precious

★ 정신적, 마음적 가치
★ 애정과 사랑이 담긴 것

valuable : 금전·기술적 가치가 있는 것

주문하자. 이 책은 최신 트렌드에 관한 가치 있는 정보를 제공해.

This book provides valuable information on recent trends.

자주 먹자. 아보카도는 소중한 음식이야.

The avocado is a valuable food.

그는 회사에 소중한 사람이야. 그가 회사를 먹여 살려.

He's a very valuable person to the company.

 precious : 정신적 가치가 있는 것

영상 지우지 마. 추억은 소중한 거야.

Memories are precious.

행복해 보인다. 그의 아이들은 그에게 매우 소중해.

His children are very precious to him.

할머님께 물려받은 거야. 이 그림은 나에게 너무 소중해.

This painting is very precious to me.

Chapter 29

정말 사실이야

It is really true.

정말 진실이야.

really

★ 정말, 진짜
★ 거짓과 반대되는 것을 강조할 때
　예) 정말 했어, 정말 봤어, 정말 들었어

It is very nice.

정말 좋아.

very

★ 매우 (정도를 강조)
　예) 매우 덥다, 매우 깨끗하다
★ very는 동사를 강조할 수 없음
　I really think (O), I very think (X)

really : 사실이 진짜, 정말

장난 아니야. 그들은 진짜 쌍둥이라고.
They're really twins.

믿기 힘들겠지만 그 일이 정말 일어났어.
It really happened.

큰일 났네. 나 그녀의 생일을 또 잊은 게 정말 죄책감 들어.
I feel really guilty about forgetting her
birthday again.

 very : 상황이 매우

말로만 들었는데 와, 너 사무실 굉장히 잘 정리돼 있다.
Wow, your office is very organized.

창문 좀 열자. 너 방이 너무 답답해.
Your room is very stuffy.

괜찮아. 내 남자친구는 이해심이 많거든.
My boyfriend is very understanding.

Chapter 30

그의 농담은 끔찍했어

His joke was terrible.

그의 농담은 끔찍했어.

terrible

★ 끔찍한
★ 나쁜 것을 경험할 때
★ bad를 강조하는 느낌

terrible

The crime was horrible.

그 범죄는 무시무시했어.

horrible

★ 무시무시한
★ 충격적이거나 공포스러운 것을 경험할 때

horrible

terrible : 나쁜 것에 대해 끔찍한

거기 가지 마. 그 식당 음식 정말 끔찍해.

They serve terrible food at that restaurant.

밤을 새웠어. 나 어젯밤 심한 두통이 있었거든.

I had a terrible headache last night.

늦어서 미안. 고속도로에서 끔찍한 사고가 났거든.

There was a terrible accident on the freeway.

 horrible : 충격적인, 공포스러운

영화 봤는데 전쟁터의 광경이 무시무시했어.

The sight of the battlefield was horrible.

자다 깼어. 나 어젯밤 무시무시한 꿈을 꿨거든.

I had a horrible dream last night.

너 혼자 봐. 난 영화에서 공포스러운 장면 못 봐.

I can't watch horrible scenes in the movie.

원어민
느낌의
완성

숫자

Chapter 07

그거 5일까지야

1	2	3	4	5	6	7
8	9	10	11	12	13	14
15	16	17	18	19	20	21
22	23	24	25	26	27	28
29	30	31				

It is due by the fifth.

날짜

★ 빨간색은 서수로 읽기 (first, second, third 등)
★ 나머지는 기수 + th 발음 (sixth, seventh, eighth 등)
★ the + 날짜 발음 (관사 사용)

나 5일에 이사해.

I move on the fifth.

나 23일에 면접 있어.

I have an interview on the twenty-third.

그들은 26일에 도착해.

They arrive on the twenty-sixth.

내 수술 날짜는 2일이야.

My operation is on the second.

31일에 예약 부탁드립니다.

Please make a reservation for the thirty-first.

Chapter 02

나 1961년에 태어났어

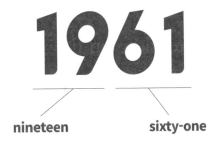

nineteen   sixty-one

I was born in nineteen sixty-one.

연도

★ 4자리 숫자를 2개씩 끊어서 발음합니다.
★ 2023년은 twenty twenty-three로 읽습니다.

6.25전쟁은 1950년에 일어났어.

The Korean War broke out in nineteen fifty.

우리는 1991년에 결혼했어.

We got married in nineteen ninety-one.

난 2011년에 사업을 시작했어.

I started my business in twenty eleven.

난 2021년에 졸업했어.

I graduated in twenty twenty-one.

저는 2022년에 은퇴했어요.

I retired in twenty twenty-two.

숫자

Chapter 03

2시 15분까지 올 수 있어?

two   fifteen

Can you come by two fifteen?

시간

★ 시간, 분의 숫자를 각각 읽으면 됩니다.

예) 07:45 seven forty-five   02:00 two

나 8시 30분까지 집에 가야 돼.

I have to go home by eight thirty.

체크인은 4시 15분입니다.

Check-in is at four fifteen.

10시 50분에 예약되셨습니다.

Your reservation for ten fifty is all set.

그녀는 9시 30분에 자.

She goes to bed by nine thirty.

공연이 11시 45분에 끝날 예정입니다.

The performance is scheduled to end at eleven forty-five.

Chapter 04

5.99달러입니다

$5.99

five (dollars) (and) ninety-nine (cents)

It's five ninety-nine.

가격

★ 점을 기준으로 숫자를 각각 읽으면 됩니다.
예) $12.99 twelve ninety-nine $10.00 ten
★ 필요에 따라 dollar, cent 등의 단위를 붙여 읽습니다.
예) $12.99 twelve dollars and ninety-nine cents.

$2.50 할인되었습니다.

You got two fifty off.

배송비는 $3.23입니다.

Shipping is three twenty-three.

한 사람당 $10.50씩 내시면 됩니다.

It costs ten fifty per person.

세일 가격은 $9.99였어.

The sale price was nine ninety-nine.

$25.15 나왔습니다. 현금입니까 카드입니까?

It comes to twenty-five fifteen. Cash or card?

10달러짜리 5장 주실래요?

$10 $10 $10
$10 $10

five tens

5장   10달러짜리

Can I get five tens?

지폐

★ 지폐에 s를 붙이면 '짜리'가 됩니다.
  Ones - 1달러짜리
  Fives - 5달러짜리
  Tens - 10달러짜리
  Twenties - 20달러짜리

20달러짜리 5장으로 주세요.

Five twenties, please.

전부 1달러로 바꿔주세요.

Can I have all ones?

5달러짜리와 10달러짜리로 드릴까요?

Would you like fives and tens?

5달러짜리가 필요해요.

I need fives.

5달러짜리 2장과 10달러짜리 3장으로 주세요.

Please give me two fives and three tens.

Chapter 06

2 X 3 = 6

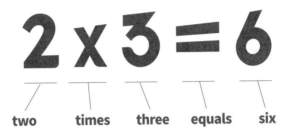

two · times · three · equals · six

Two times three equals 6.

곱셈

★ X는 times로, =는 equals로 읽습니다.

3 x 7 = 21

Three times seven equals twenty-one.

21 x 0 = 0

Twenty-one times zero equals zero.

8 x 2 x 1 = 16

Eight times two times one equals sixteen.

3 x 2 x 4는 뭐니?

What is three times two times four?

4 x 5 x 5 = 100

Four times five times five equals one-hundred.

숫자

6 ÷ 2 = 3

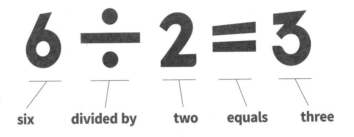

six　divided by　two　equals　three

Six divided by two equals three.

나눗셈

★ ÷는 divided by로, =는 equals로 읽습니다.

10 ÷ 2 = 5

Ten divided by two equals five.

20을 2로 나누면 10이야.

Twenty divided by two is ten.

12 나누기 3은 뭐지?

What is twelve divided by three?

30 나누기 5는 6이야.

Thirty divided by five is six.

16 나누기 8은 2야.

Sixteen divided by eight equals two.

숫자

Chapter 08

난 2학년을 가르쳐

1학년	first grade
2학년	second grade
3학년	third grade
4학년	fourth grade
5학년	fifth grade
6학년	sixth grade

I teach second grade class.

학년

★ 학년은 서수로 읽습니다.

저는 내년에 3학년에 올라가요.

I'm going to be in third grade next year.

우리는 1학년 때 영어를 배워요.

We learn English in first grade.

그는 6학년 담임 선생님이에요.

He's a sixth grade homeroom teacher.

저는 2학년이고 오빠는 5학년이에요.

I'm in second grade and my brother is in fifth grade.

4학년때 학생들은 보고서를 작성하기 시작합니다.

In fourth grade students start to write reports.

Chapter 09

난 1 / 3만 먹을래

분자가 1일 경우   분자가 2 이상일 경우

I will eat one third.

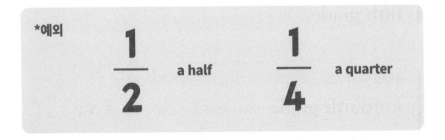

*예외

분수

★ 분자는 기수로(one, two), 분모는 서수로(first, second) 읽습니다.
★ 분자가 2 이상일 경우 분모는 복수로 읽습니다.

그들 중 1/5만 통과했습니다.

Only a fifth of them passed.

정보의 2/5는 사실이 아닙니다.

Two fifths of the information is not true.

내용의 2/3는 이해하지 못했습니다.

I didn't understand two thirds of the material.

1/4은 행복하지만 3/4은 슬퍼합니다.

A quarter is happy, but three quarters are sad.

미국에서 1/10은 고등학교를 졸업하지 못합니다.

One tenth don't finish high school in the U.S.

Chapter 10

우리는 2 : 1로 이겼어

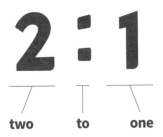

We won two to one.

비율

★ : 는 to로 읽습니다.

★ ★ ★
practice

그것들을 2:1 비율로 섞어줄래?

Can you mix them in a two to one ratio?

나는 4:2로 졌어.

I lost four to two.

사람:동물:식물의 비율은 3:2:1입니다.

The human to animal to plant ratio is three to two to one.

밀가루와 설탕의 비율을 3:1로 넣어주세요.

Add flour and sugar at a ratio of three to one.

한국의 남녀 성비는 거의 1:1입니다.

The male to female ratio in Korea is almost one to one.

Chapter 11

나 몸무게가 2.39kg 빠졌어

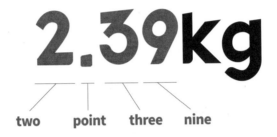

two   point   three   nine

I lost
two point three nine kilograms.

소수점

★ 소수점은 point로 읽습니다.
★ 소수점 이하 숫자는 따로 읽습니다.

카드 수수료는 2.56%입니다.

The card interest rate is two point five six percent.

이자가 1.23% 붙었네.

One point two three percent interest was added.

조카 키가 95.63cm야.

My nephew is ninety-five point six three centimeters tall.

매출이 22.5% 늘었어.

Sales increased by twenty-two point five percent.

세계 인구의 1.0086% 사람들이 유명합니다.

One point zero zero eight six percent of the world's population is famous.

숫자

Chapter 12

액자는 4 x 6인치야

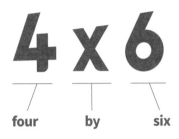

The frame is four by six inches.

치수(가로 x 세로)

★ X는 by로 읽습니다.
★ 전치사 by는 사물의 치수를 말할 때 사용합니다.

* * *
practice

바닥이 3x4m입니다.

The floor is three by four meters.

사진을 9x12cm로 인화해주세요.

Please print the photo size nine by twelve centimeters.

나무를 2x1m로 잘라주세요.

Cut the wood into two by one meters.

커튼 사이즈 180x90cm로 만들어주세요.

Please make the curtain size one-hundred-eighty by ninety centimeters.

내 방 침대는 203x193cm야.

The bed in my room is two-hundred-three by one-hundred-ninety-three centimeters.

숫자

Chapter 13

내 방은 711호야

seven   eleven
또는 one one

My room is seven eleven.

방번호

★ 3자리 숫자의 경우
  1. 각각 읽기 (seven one one)
  2. 끊어 읽기 (seven eleven)
★ 4자리 숫자의 경우
  2개씩 끊어 읽기 (1411은 fourteen eleven)
★ '호'는 따로 읽지 않습니다.

302호 문 앞에 놔주세요.

Please leave it in front of door three oh two.

그는 912호에 계십니다.

He's in room nine twelve.

회의실은 4012호입니다.

The conference room is room forty twelve.

2014호로 가시면 됩니다.

You can go to room twenty fourteen.

나는 오늘 504호에 머물러.

I'm staying in room five oh four tonight.

숫자

Chapter 14

나 3층에 있어

3층	third floor
2층	second floor
1층	first floor
지하 1층	B one
지하 2층	B two

I'm on the third floor.

층수

★ 지상일 경우 '서수 + floor'로 읽습니다.
★ 지하일 경우 'B + 기수'로 읽습니다.

식당은 8층에 있습니다.

The restaurant is on the eighth floor.

2층부터 5층까지 오픈했습니다.

The floors from the second to the fifth are open.

내 차는 지하 3층에 있어.

My car is on B three.

지하 1층부터 지하 4층까지 주차장입니다.

The parking lot is from B one to B four.

한국에서 4층은 F로 표기됩니다.

The fourth floor is often labeled F in Korea.

Chapter 15

나 80만 원 벌어

800,000

eight hundred · thousand

I make eight hundred thousand won.

10만 단위

★ '콤마(,) 앞 숫자 + thousand'로 읽습니다.

이 청소기는 33만(330,000) 원입니다.

This vacuum cleaner is three hundred thirty thousand won.

부모님께 50만(500,000) 원 용돈 드렸어요.

I gave my parents five hundred thousand won for pocket money.

호텔을 27만(270,000) 원에 예약했어요.

I booked a hotel for two hundred seventy thousand won.

월세가 45만(450,000) 원입니다.

The monthly rent is four hundred fifty thousand won.

저녁식사가 12만(120,000) 원 나왔어요.

Our dinner came to one hundred twenty thousand won.

Chapter 16

서울은 35°C야

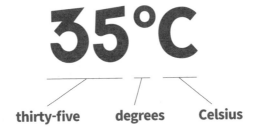

thirty-five   degrees   Celsius

It's thirty-five degrees Celsius in Seoul.

온도

★ '°'는 degree로, 'C'는 Celsius로 읽습니다.
★ 2도 이상일 경우는 degrees(복수)로 읽습니다.

오늘은 영하 1℃야.

It's minus one degree Celsius today.

기록된 최고 온도는 40℃야.

The highest temperature recorded is forty degrees Celsius.

물은 100℃에서 끓어.

Water boils at one-hundred degrees Celsius.

15℃ 이하의 방 온도는 노인들에게 너무 춥습니다.

Room temperature below fifteen degrees Celsius is too cold for the elderly.

수영장 최적 온도는 27℃입니다.

The perfect pool temperature is twenty-seven degrees Celsius.

숫자

Chapter 17

팁은 15~20% 내면 돼

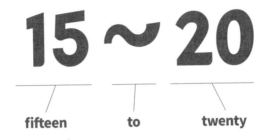

**Tipping is about
fifteen to twenty percent.**

숫자 범위

★ '~'은 to로 읽으면 됩니다.
★ from A to B에서 from을 생략해서 읽는 것입니다.

나는 8~10시간 정도 잠을 자.

I sleep for about eight to ten hours.

나는 하루에 4~5끼를 먹으려고 노력해.

I try to eat four to five meals a day.

내일부터 20~80% 할인합니다.

There is a discount of twenty to eighty percent off starting tomorrow.

손님이 10~15분 안에 오실 예정입니다.

Guests are expected to arrive in ten to fifteen minutes.

20~30분 정도 기다려줄래?

Can you wait about twenty to thirty minutes?

숫자

Chapter 18

5명 중 2명은 야근해

5명 중 2명

two   out of   five

Two out of five **people work late.**

비중 (~중에서)

★'중'은 out of로 읽습니다.
★숫자의 순서를 바꿔서 말함을 주의하세요.
★몇 명, 몇 개 등의 단위는 뒤에 오는 명사 또는 문맥으로 해석합니다.

★ ★ ★

practice

5개 중에 1개는 고장났어요.

One out of five is broken.

10명 중 7명은 만족합니다.

Seven out of ten are satisfied.

4마리 중 2마리는 건강해요.

Two out of four are healthy.

10명 중 1명은 고객입니다.

One out of ten is a customer.

3명 중 1명은 식수가 없습니다.

One out of three do not have drinking water.

Chapter 19

그들은 60대야

60대

sixties

They are in **their sixties.**

연령층

★ in one's sixties ('60대에'라는 뜻. one's는 my, your, her 등으로 활용)
★ 60~69세를 아우르기 때문에 복수로 표현합니다.
★ 10대는 teens로 읽습니다.

그는 10대인 것 같아.

I think he's in his teens.

저희 어머님은 70대입니다.

My mother is in her seventies.

50대를 위한 서비스입니다.

This service is for people in their fifties.

20대와 40대가 주 고객층입니다.

People in their twenties and forties are the main customer base.

많은 사람들이 60대에 은퇴합니다.

Many people retire in their sixties.

Chapter 20

내 전화번호는
010-0078-2356이야

$$010-0078-2356$$

zero 또는 oh

double oh

My phone number is
oh one oh / double oh seven
eight / two three five six.

전화번호

★ 숫자를 하나하나 읽으면 됩니다.
★ 숫자 0은 zero 또는 oh로 읽습니다. (원어민은 주로 oh로 읽음)
★ 숫자가 겹칠 때는 double로 읽습니다. 예) double oh seven (007)

1588-7676으로 연락하세요.

Call me at one five double eight/seven six seven six.

대표전화 02-3244-1212 내선번호 123

Main phone oh two/three two double four/ one two one two **extension** one two three.

호텔 예약 번호는 82-2-4242-8812입니다.

Hotel reservations eight two/two/four two four two/double eight one two.

고객센터 1544-1051

Customer Center one five double four/one oh five one.

비즈니스 문의는 02-2069-2208입니다.

Business Inquiries oh two/two oh six nine/ double two oh eight.

야나두 영어회화 베이직
260단어 느낌만 알면 원어민처럼 할 수 있어!

초판 1쇄 발행 2023년 11월 22일

지은이 원예나
펴낸이 최지연
마케팅 김나영 김경민 윤여준
경영지원 이선
디자인 데시그
교정교열 윤정숙

펴낸곳 라곰
출판등록 2018년 7월 11일 제2018-000068호
주소 서울시 마포구 큰우물로 75 성지빌딩 1406호
전화 02-6949-6014 **팩스** 02-6919-9058
이메일 book@lagombook.co.kr

ⓒ 원예나, 2023

ISBN 979-11-89686-92-5 13740